# Leitores, salmistas
e ministros da Palavra

Bruno Carneiro Lira, osb

# Leitores, salmistas e ministros da Palavra

**Dados Internacionais de Catalogação na Publicação (CIP)**
**(Câmara Brasileira do Livro, SP, Brasil)**

Lira, Bruno Carneiro
    Leitores, salmistas e ministros da palavra / Bruno Carneiro Lira. –
1. ed. – São Paulo : Paulinas, 2017. – (Coleção serviço à vida)

ISBN: 978-85-356-4299-5

1. Igreja Católica – Liturgia  2. Ministério leigo – Igreja Católica
3. Palavra de Deus (Teologia)  I. Título  II. Série.

17-03922                                              CDD-264.34

**Índice para catálogo sistemático:**
1. Leitores: Ministério litúrgico: Cristianismo   264.34
2. Salmistas: Ministério litúrgico: Cristianismo  264.34

1ª edição – 2017

4ª reimpressão – 2023

| | |
|---:|:---|
| Direção-geral: | *Flávia Reginatto* |
| Editores responsáveis: | *Vera Ivanise Bombonatto* |
| | *e Antonio Francisco Lelo* |
| Coordenação de revisão: | *Marina Mendonça* |
| Copidesque: | *Ana Cecilia Mari* |
| Revisão: | *Sandra Sinzato* |
| Gerente de produção: | *Felício Calegaro Neto* |
| Projeto gráfico: | *Manuel Rebelato Miramontes* |
| Produção de arte: | *Claudio Tito Braghini Junior* |

*Nenhuma parte desta obra poderá ser reproduzida ou transmitida por qualquer forma e/ou quaisquer meios (eletrônico ou mecânico, incluindo fotocópia e gravação) ou arquivada em qualquer sistema ou banco de dados sem permissão escrita da Editora. Direitos reservados.*

Cadastre-se e receba nossas informações
www.paulinas.com.br
Telemarketing e SAC: 0800-7010081

**Paulinas**
Rua Dona Inácia Uchoa, 62
04110-020 – São Paulo – SP (Brasil)
(11) 2125-3500
editora@paulinas.com.br

© Pia Sociedade Filhas de São Paulo – São Paulo, 2017

O amor de Deus impulsiona o nosso viver.
Sem ele, não somos nada,
nem encontramos sentido para caminhar.
Ele é a verdadeira alegria; o nosso amigo fiel.
Por ele damos a nossa vida
e é por isso que utilizamos a nossa voz
para o seu louvor.

Bruno Carneiro Lira

Dedico às equipes de liturgia que, com esmero, preparam as celebrações.

Aos nossos paroquianos da Paróquia de Nossa Senhora de Fátima de Boa Viagem – Recife (PE).

Ao amigo, professor Sébastien Joachim, com quem aprendo muito.

Aos amigos: Leone Senna Rocha, Lívia Gonçalves Rocha e Luiz Phillipi Gonçalves Rocha.

Aos meus amigos profissionais do circo que alegram a humanidade com a sua arte milenar, fruto da inspiração de Deus; sobretudo ao André Felipe de Moraes, a Kayanne de Moraes, o Bernardo, a Lita, os filhos de André, Beta Carvalheira, Ana, Ceça, Júnior e filhos; Peró, D. Ruth e Eduardo; Izabel, Rodrigo e filhos, como também aos demais componentes do Marcos Frota Circo Show.

Agradecimento especial a Irmã Ivonete Kurten, fsp, pela gentileza do prefácio.

# Sumário

Prefácio .................. 13

Apresentação .................. 19

## 1. OS LEITORES

1. Ler ou proclamar? .................. 25
2. Escolhidos para um ministério .................. 29
3. Os Lecionários .................. 33
4. Texto, funções da linguagem e gêneros textuais bíblicos .................. 37
5. Fonética, fonologia e dicção .................. 43
6. A postura .................. 47
7. Ritmo e silêncio nas celebrações .................. 51
8. Humildade do leitor .................. 57
9. Pistas para a educação vocal .................. 59

## 2. OS SALMISTAS

| | | |
|---|---|---|
| 1 | Sobre os salmos | 63 |
| 2 | Função dos salmos na liturgia | 75 |
| 3 | Os salmos nos Lecionários e nos rituais dos Sacramentos | 81 |
| 4 | O ambão, a antífona, o solista | 87 |
| 5 | Estudo da relação salmo e primeira leitura | 97 |
| 6 | Humildade do salmista | 103 |

## 3. OS MINISTROS DA PALAVRA

| | | |
|---|---|---|
| 1 | Escolha e importância desse ministério exercido pelos leigos | 107 |
| 2 | O ministro leigo na visitação aos enfermos e a celebração das exéquias | 133 |
| | Fechamento aberto | 141 |
| | Referências | 149 |

# Prefácio

## Proclamadores da Palavra

Penso que este livro *Leitores, salmistas e ministros da Palavra*, de Dom Bruno Carneiro Lira, osb, que ora temos em mãos, poderia, também, chamar-se "Proclamadores da Palavra", pois, ao lê-lo, o autor, a quem agradeço pelo convite de prefaciar seu livro, dando a mim o privilégio de ser a primeira pessoa a se deixar tocar por esse magnífico trabalho, despertou em mim uma questão intrigante sobre o compromisso de proclamar a Palavra de Deus. Será que nós, que ajudamos nos ritos sagrados, sabemos que somos proclamadores e não leitores da Palavra, embora este ministério se chame leitor? Temos esta consciência quando escolhemos, indicamos ou participamos da liturgia como leitores, salmistas e ministros da Palavra?

Dom Bruno, com grande maestria, nos introduz neste mistério e ministério da proclamação da Palavra de Deus, quando diz: "A proclamação da Palavra de Deus é decisiva para o processo de fé do cristão, pois possibilita o acolhimento livre do anúncio salvífico da pessoa de Cristo, acolhimento que é sempre possibilitado pela atuação do Espírito Santo". O autor nos recorda que a adesão à Palavra de Deus passa por todos os sentidos do ser humano. Interagimos com Deus, com os outros e com a natureza trocando impressões com o nosso exterior, ou seja, de acordo com a forma como percebemos o mundo, a realidade que nos impacta. Somos seres sensoriais. As mensagens que nos atingem, chegam de modos diversos. Algumas pessoas são mais visuais. É o olhar que capta as mensagens transmitidas. Outras pessoas são mais auditivas, apreendem a realidade pelo ouvir e falar, e outras, ainda, são sinestésicas, ou seja, necessitam de tocar, apalpar e sentir para elaborarem uma experiência significativa da realidade que as cercam. Com a liturgia não é diferente, pois trabalhamos com todas essas sensibilidades de aprendizado e de experiência.

Daí a grande importância deste livro sobre a proclamação da Palavra de Deus na liturgia. Como seus pontos fortes, estão o proclamar e o ouvir a Palavra, elementos básicos para acolher o mistério de Deus em nossa vida. Tanto o proclamar quanto o ouvir engajam todo o ser da pessoa que participa da ação. Em muitos relatos bíblicos, observamos o diálogo de Deus com a pessoa e, esta, toda disposta a ouvir quem proclama o seu nome, utilizando todos os seus sentidos para dar razão à Palavra proclamada e, somente depois de se comprometer com o seu envolvido racional e emotivo, dá a sua adesão livre à missão proclamada e decide agir cumprindo o mandato recebido.

A missão é proclamada e deve ser bem ouvida, daí a importância do proclamar e do ouvir, como diz Is 55,10-11:

> Como a chuva e a neve descem do céu e para lá não voltam sem ter regado a terra, tornando-a fecunda e fazendo-a germinar dando semente ao semeador e pão ao que come, tal ocorre com a palavra que sai da minha boca: ela não volta a mim sem efeito; sem ter cumprido o que eu quis, realizado o objetivo de sua missão.

Deus proclama bem sua Palavra. No livro do Ex 3, Deus chama Moisés utilizando uma sarça ardente, que queima sem se consumir pelo fogo, proclama o seu nome e ele se aproxima para VER E ESCUTAR o apelo a servir. Há uma proclamação, uma escuta, um silêncio (que pode ser até uma forma de rejeição ou de reflexão ao que se ouviu) e a adesão humilde ao plano daquele que o convoca. Deus coloca interlocutores para proclamar a sua Palavra ao povo. É um Deus que vê, que escuta, que conhece, que desce até seu povo (a assembleia reunida em nome de Deus) para fazê-lo subir para uma nova realidade de vida. Conversão pela Palavra. No caso da celebração litúrgica, o leitor deverá sempre pensar e proclamar a Palavra a partir do seu *coração* "porque é nele que acolhemos a Palavra e o Espírito do Senhor que é amor". A proclamação deverá partir do coração. A palavra proclamada deve ser uma palavra vivida, feita carne.

"Deve-se fazer um esforço para que a Palavra concebida no coração pela ação do Espírito Santo possa atingir o coração dos ouvintes", diz o autor.

Partindo do princípio de que proclamar a Palavra de Deus é um ministério divino, uma escolha de Deus para o leitor, o salmista e o ministro da Palavra serem instrumentos de uma Palavra de Salvação, Dom Bruno convida os que participam deste ministério a conhecerem a dinâmica da proclamação da Palavra e tudo que envolve essa missão dentro de uma liturgia, que é o momento de oração da comunidade reunida para participar de uma festa ou da celebração de um acontecimento de sua vida em Cristo. Chama atenção sobre a necessidade de se conhecer os livros especiais para a proclamação da Palavra, os *Lecionários*, que contêm as leituras próprias para cada tempo e dia litúrgicos, bem como lembra a importância da formação para o exercício do ministério dos leitores, salmistas e ministros da Palavra na comunidade, na paróquia. Também é de fundamental valor praticar a proclamação da Palavra, avaliar o timbre de voz, conhecer o texto e seu gênero literário, o cantar e o exortar, que não é nada mais do que a elaboração adequada da homilia ou da reflexão da Palavra. Na liturgia nada se improvisa, requer-se preparação e oração para o exercício eficaz do ministério recebido do próprio Deus, pois a Palavra a ser proclamada é de Deus, e não de um ser humano.

Lembro, ainda, da insistente afirmação do autor sobre a necessidade de termos um espírito humilde para reconhecer a grandeza de Deus que age em nós e através de nós. Essa atitude não só comove o coração de Deus, mas toca profundamente naqueles que escutam através do proclamador da Palavra. O testemunho que se faz carne, sentimento e agir humanos. E essa é a finalidade da proclamação da Palavra de Deus: deixar Deus tocar o coração dos que a ouvem.

*Leitores, salmistas e ministros da Palavra* é um livro provocativo e elimina todo e qualquer protagonismo dos leitores, salmistas e ministros da Palavra, pois esse ministério não é um show, mas um serviço que se presta ao Senhor, e ponto final. "Somos simples servos, fizemos apenas o que devíamos fazer" (Lc 17,10).

*Irmã Ivonete Kurten*[*]

---

[*] Religiosa da Pia Sociedade Filhas de São Paulo, jornalista, licenciada em Filosofia pela UFPA, formada em Comunicação Social pela Universidade São Marcos, de São Paulo, especialista em Cultura Teológica pela Universidade Católica Dom Bosco – MT. Ministra cursos e palestras na área de Comunicação, com temas voltados para famílias, liturgia e Pastoral da Comunicação. E-mail: <kurtenivonete@hotmail.com>.

# Apresentação

"Cantai ao Senhor um canto novo, com arte sustentai a louvação" (Sl 32,3). Inspirados neste versículo, propomo-nos a escrever algo que anime os *Leitores, salmistas e ministros da Palavra* no exercício do seu ministério dentro das celebrações litúrgicas, sobretudo, a celebração eucarística. Sabe-se da grande importância dessas funções na Sagrada liturgia, pois, quando se pronunciam palavras nas assembleias litúrgicas, é o próprio Senhor quem fala e, ao presidir as celebrações, é ele que, também, atua através de seus ministros ordenados ou instituídos.

Assim, dividimos o nosso compêndio em três blocos: os leitores, os salmistas e os ministros da Palavra, tendo em vista uma formação mais atuante daqueles que vão fazer parte das celebrações.

O bloco relativo aos *leitores* traz a discussão a respeito do ato de ler e proclamar a Palavra de Deus; fala daqueles que são escolhidos para este ministério; reflete sobre os atuais Lecionários, sobre a função do texto como elemento de interação e unidade de sentido, destacando as funções da linguagem e os gêneros textuais bíblicos; apresenta, ainda, questões de fonética, fonologia e uso da voz; fala da postura, do ritmo e silêncio nas celebrações; comenta sobre a *humildade* do leitor e dá pistas para a educação vocal.

A parte reservada aos *salmistas* reflete, em primeiro lugar, sobre os salmos e sua função na liturgia; apresenta-os também nos Lecionários e rituais dos sacramentos como parte integrante da Liturgia da Palavra; comenta sobre o ambão, a antífona e o solista do salmo; estuda a relação de responsividade entre o salmo e a leitura que lhe antecede e, como dissemos com relação aos leitores, aqui, também, se enfatiza a *humildade* que o salmista deve ter ao executar um canto.

Com relação aos *ministros da Palavra*, deseja-se mostrar a importância deste ministério, sobretudo, para as assembleias dominicais, na ausência dos ministros ordenados, como também na visitação dos enfermos, preparando-os, juntamente com os familiares, para a recepção do Sacramento da Unção dos Enfermos e as celebrações do Rito de Exéquias.

A proclamação da Palavra de Deus é decisiva para o processo de fé do cristão, pois possibilita o acolhimento livre do anúncio salvífico da pessoa de Cristo, acolhimento que é sempre possibilitado pela atuação do Espírito Santo. Faz-se necessário tomar contato com a Palavra de Deus, sentindo o prazer e a alegria de acolhê-la, meditá-la, saboreando todo o seu conteúdo, pois, alimentados por ela, pela ação do Espírito Santo, transformamos o nosso coração; seremos todo de Deus e passaremos a agir conforme os preceitos do Senhor.

Daí a importância da Liturgia da Palavra no contexto celebrativo. Toda ação litúrgica reserva um espaço para a proclamação e meditação da Palavra. É importante, também, uma boa e inteligente reflexão a partir dos textos bíblicos proclamados, iluminando a vida da comunidade, conduzindo todos para uma experiência concreta com o Ressuscitado. Portanto, a Igreja cresce e se constrói ao ouvir a Palavra de Deus. Daí a necessidade de educar os leitores para a *Lectio divina* (leitura orante da Palavra de Deus).

Passaremos, agora, às nossas reflexões de maneira mais pormenorizada.

# 1

# OS LEITORES

# Ler ou proclamar?

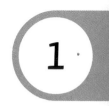

Infelizmente, ainda é bastante comum a gente chegar ao início de uma celebração litúrgica e perceber que a "equipe" de liturgia está procurando leitores para a celebração. É comum, também, as leituras serem feitas por meio de folhetos chamados de "litúrgicos" e o padre beijar o folheto ao final do Evangelho. É muito comum o leitor não se comunicar com a assembleia e o povo acompanhar, cada um por si, a leitura através do folheto e, o que é pior, em vez de se deixar seduzir pela Palavra de Deus, ficar criticando as falhas dos leitores.

*Ler ou proclamar?* Duas palavras com sentidos bem distintos a partir de uma mesma ação vocal. Para a linguística moderna, *ler* é um processo de produção contínua de sentidos, sobretudo, para quem está fazendo a compreensão e interpretação textual.

A Palavra de Deus na liturgia é proclamada como um memorial dos acontecimentos libertadores ocorridos na História da Salvação. Nos dicionários da Língua Portuguesa, *proclamar* é uma declaração pública feita em alta voz e com solenidade; um anúncio, e, ainda, uma fala com ênfase. É, portanto, bem diferente de apenas ler. Quando se proclama, pensa-se no interlocutor, no caso, o receptor que deverá entender toda a mensagem sem nenhum ruído. Na liturgia, as leituras são proclamadas por leitores treinados e escolhidos para esse ministério. Tal escolha, pela fé, sabemos que é feita pelo próprio Deus. Estamos ali emprestando a nossa voz e todo o nosso ser (postura...) para que Deus fale. A Constituição *Sacrosanctum Concilium*, do Concílio Vaticano II, que reformulou a Sagrada liturgia, no n. 7, que trata da presença de Jesus Cristo em sua Igreja, diz que uma das formas de estabelecer sua presença é pela Palavra, pois é ele mesmo que fala quando se leem as Sagradas Escrituras na Igreja. A presença do Senhor é sacramental e passa pelos sinais sensíveis: o próprio leitor, o texto proclamado, o tom da voz, o lugar da proclamação, a comunicação entre leitor e ouvintes, a disposição em ouvir por parte da assembleia, que é diferente de seguir a leitura através de folhetos, já que, quando se lê na liturgia, deve-se ouvir e não apenas seguir o texto através de outros suportes. A proclamação, portanto, não é discurso, noticiário, mera informação..., é Jesus Cristo presente no seu Espírito falando para a comunidade. Por sua vez, o leitor também é ouvinte, por isso deverá ler e meditar a leitura em casa para poder ser um autêntico ministro da Palavra. O leitor deverá "sumir" diante de Cristo, a quem empresta sua voz e seu jeito de comunicar.

# Escolhidos para um ministério

**2**

Todos os ministérios são escolhas feitas pelo Senhor para o bem da sua própria Igreja. Ao sentir-se chamado a ser o porta-voz do Cristo, faz-se necessário procurar, o quanto antes, preparar-se para exercer tão nobre função.

O leitor deverá sempre pensar com o *coração*, porque é nele que acolhemos a Palavra e o Espírito do Senhor, que é amor. A *proclamação* deverá partir do coração, e também dos *lábios*, porque estes fazem parte do sistema fonador, instrumentais de comunicação. Deve-se fazer um esforço para que a Palavra concebida no coração, pela ação do Espírito Santo, possa atingir o coração dos ouvintes.

É necessário, para a preparação da leitura, que o leitor *conheça* bem o texto, *entenda* e *acredite* naquilo que está proclamando. O texto de At 8,26-40 é um bom exemplo para entendermos esta dimensão: o eunuco etíope da rainha Candace estava lendo o livro do profeta Isaías, no trecho que se referia ao Servo de Javé, mas só se converteu e pediu o Batismo a Felipe quando entendeu o texto. O mesmo deverá acontecer, também, em nossas liturgias. Aliás, a finalidade de nossos encontros litúrgicos é sempre nos levar à transformação de nosso coração. Só posso converter-me se conheço e amo o objeto que me seduziu, no caso, o Senhor. Por isso, é importante que os leitores cônscios de sua função entendam o que estão proclamando e convençam os seus ouvintes para uma sincera conversão. Um bom caminho para chegar ao conhecimento profundo da Palavra é fazer a leitura orante, já ensinada pelos pais do deserto: *LECTIO, MEDITATIO, ORATIO, CONTEMPLATIO*, ou seja, meditá-la durante a semana, para saber o texto que se vai proclamar na santa missa. Em momento tranquilo, faz-se a leitura, medita-se, reza-se com o texto, pedindo ao Senhor que todo o ensinamento seja aplicado na própria vida e, em seguida, apenas, contempla-se; é a hora de abrir-se e deixar o Espírito Santo trabalhar.

A partir dessa sugestão, sugerimos alguns passos para uma boa proclamação da Palavra:

1. Conhecer bem o texto.
2. Sintonizá-lo (observar sua ligação com o tempo ou a festa litúrgica, sentindo sua relação com as outras leituras).
3. Treinar expressões desconhecidas.
4. Interrogar-se se o acontecimento ou a realidade narrada através do texto acontece hoje na sua vida e na vida da comunidade celebrante; o HOJE litúrgico.

5. A cada gênero literário deve corresponder um tom diferente, uma maneira de dizer a leitura. A Sagrada Escritura possui gêneros textuais: a Lei, livros históricos, sapienciais, parábolas, apocalípticos...

6. Suba ao ambão com tranquilidade. A propósito, com relação ao lugar da proclamação da Palavra, o Concílio Vaticano II trouxe de volta uma expressão antiga: a mesa da Palavra. Essa mesa, geralmente, tem a forma de estante ou, nas igrejas maiores, é confeccionada de material mais sólido e grande, é como se fosse um púlpito, o qual chamamos de ambão.

7. Coloque-se em pé, com a cabeça erguida, as costas eretas para facilitar a respiração, as mãos no livro, o microfone a certa distância...

8. Olhe para a assembleia, reunindo o povo com o olhar.

9. Faça a leitura de maneira clara, pausada, audível, solene (daí ser uma proclamação). Isso faz com que não se perca o contato com a assembleia, que de modo algum poderá dispersar-se.

10. Após a proclamação, aguarde a resposta da comunidade e retorne, com tranquilidade, ao seu lugar.

É agindo deste modo que poderemos fazer jus à escolha feita pelo Senhor, que se utiliza de nós para se fazer ouvir.

É entendendo a sua mensagem que nos convertemos e, assim, a liturgia realiza as suas duas dimensões: glória de Deus e santificação do homem.

# Os Lecionários 3

O Concílio Vaticano II propôs que os tesouros da Palavra de Deus fossem abertos de maneira mais visível e audível para todos os fiéis. Os missais, que antes eram plenários, devido abrigarem as orações e leituras para a missa, tornaram-se eucológicos, passando a trazer, apenas, as orações. As leituras, então, passaram a fazer parte de livros especiais, chamados de *Lecionários*, ou seja, livro das lições, contendo as leituras próprias para cada tempo e dia litúrgicos.

Assim, temos quatro Lecionários:

- *Dominical*: para as missas dos domingos e solenidades. No caso dos domingos, está dividido em anos A, B e C, correspondentes a cada evangelista sinótico: Mateus, Marcos e Lucas, respectivamente. João aparece nos tempos fortes: tempo de Natal e de Páscoa. Nestes dias têm-se sempre duas leituras intercaladas por um salmo responsorial, que responde aos apelos da primeira leitura[1] e, em seguida, o Evangelho. No Tempo Comum, geralmente, a primeira leitura é do

---
[1] Aprofundaremos isso posteriormente no bloco dos salmistas.

Antigo Testamento e tem um casamento temático com o Evangelho; a segunda leitura é uma lição contínua do Novo Testamento, geralmente, das cartas de Paulo ou epístolas católicas. A leitura dos Atos dos Apóstolos e do Apocalipse de São João são deixadas para o Tempo de Páscoa por retratarem a comunidade cristã primitiva e as primeiras conversões, como também as labutas apostólicas para implantar o Cristianismo. O Apocalipse é um livro pascal por excelência que nos impulsiona à esperança cristã. Nas solenidades as três leituras possuem uma integração temática.

- *Semanal* ou *Ferial*: traz as leituras para os dias de semana: da segunda-feira ao sábado. Apresenta uma primeira leitura do Antigo ou Novo Testamento. Estas leituras se dividem entre anos pares e ímpares, como, por exemplo, no ano de 2017, lemos, como primeira leitura, aquelas que estão indicadas para os anos ímpares, com o seu salmo responsorial correspondente. O Evangelho é sempre o mesmo, todos os anos, em leitura contínua.

- *Santoral*: porta as lições próprias para os santos e se divide da seguinte maneira: uma primeira parte, chamada de *Próprio dos Santos*, traz leituras próprias para os santos de cada dia ou propostas de leituras a serem encontradas na segunda parte, chamada de *Comum dos Santos* e que se subdivide em: Comum da

Dedicação das Igrejas, de Nossa Senhora, dos Apóstolos, dos Mártires, dos Pastores, dos Doutores, das Virgens, das Santas Mulheres e dos Santos e Santos Educadores e aqueles que exercem obras de Misericórdia. Vale lembrar que as celebrações dos santos são classificadas em *solenidades*, sempre com três leituras, como no domingo. E há as *festas*, com leituras próprias e *memórias* obrigatórias ou facultativas, que remetem à escolha de leituras para o bloco do Comum dos Santos, conforme a vida de cada um.

- *Evangeliário*: geralmente apresenta um porte atraente, sólido e com iluminuras na capa e início dos Evangelhos. É o Lecionário por excelência, pois porta a Palavra que saiu da própria boca de Jesus e os acontecimentos ligados intimamente à sua pessoa, a Maria, sua Mãe, e a São José. Deste Lecionário, só proclamam a Palavra os ministros ordenados, ou seja, diáconos, presbíteros e bispos.

Portanto, os tesouros da Palavra de Deus foram abertos para alimentar o seu povo à mesa da Palavra. É, portanto, dos Lecionários que as leituras deverão ser proclamadas, e nunca de folhetos, que tiram a estética da celebração, além de serem descartáveis, em detrimento da solidez dos Lecionários.

# Texto, funções da linguagem e gêneros textuais bíblicos

# 4

O texto é o instrumental dos proclamadores da Palavra. É uma unidade de sentido. Sendo bíblico, atinge um valor sacramental, pois tem a finalidade de nos transformar para uma vida cristã mais autêntica.

Portanto, para que um conjunto de palavras ou imagens faça sentido para leitores e ouvintes, é necessário serem acionados os conhecimentos prévios e compartilhados de uma mesma comunidade linguística e de fé.

Todo e qualquer texto, mesmo os bíblicos, foi redigido com base em uma destas funções de linguagem: função denotativa ou jornalística; função conotativa ou literária; função fática; função conativa; função expressiva ou poética e, ainda, a função metalinguística.

Com relação à *função denotativa*, diremos que é aquela que reproduz a realidade tal qual ela é, ou seja, os fatos históricos da maneira como ocorreram, sem artifícios estilísticos. Encontramos nas Sagradas Escrituras essa função abundantemente, sobretudo, nos livros históricos e no decálogo.

Já a *função conotativa*, própria da estética literária, aparece para tratar de maneira figurada uma realidade sensível, como, por exemplo, quando Jesus compara a nossa vida espiritual com a figueira estéril. Se não dá frutos, deverá ser arrancada, mesmo dando o tempo para que se prepare melhor o terreno e volte a frutificar (cf. Lc 13,6-9). Outro exemplo é quando o Senhor nos trata como ovelhas (aqui, também, é em sentido figurado, uma metáfora), somos ovelhas porque conhecemos o Pastor, que é ele próprio.

A *função fática* é aquela que deseja facilitar o contato entre os interlocutores. Em toda a Bíblia encontramos tal função, pois Deus, através dos patriarcas, juízes e profetas, como também de seu Filho, Jesus Cristo, faz um trabalho de apelo para que seu povo entre em contato com ele, seja através de sinais: nuvem, fogo, brisa, seja até mesmo pela própria voz, como vemos na cena do Batismo do Senhor, ao declará-lo seu Filho Amado: "Este é o meu Filho muito amado, escutai-o" (cf. Mt 3,13-17). Esse mesmo texto é repetido na cena da Transfiguração do Senhor. Deus não cessa de querer entrar em contato com o seu povo.

Na liturgia, quanto se lê a Palavra de Deus, temos a presença da função fática da linguagem: Deus deseja dialogar com o povo eleito. A *função conativa* é aquela que deseja convencer os interlocutores. A Palavra de Deus está repleta desta função também. Todo o discurso de Moisés, dos profetas e de Jesus Cristo é feito no sentido de convencer o povo de Deus à santidade. No livro dos Atos dos Apóstolos vemos, claramente, na pregação de Pedro, no dia de Pentecostes: "o mataram, pregando-o na cruz. Mas Deus o ressuscitou dos mortos, rompendo os laços da morte, porque era impossível que a morte o retivesse" (Mt 2,23-24). Pedro está querendo convencer o povo a aceitar Jesus Cristo como o único Salvador e vencedor da morte. As viagens paulinas com seu companheiro Barnabé também seguem nesta linha de tentar convencer os pagãos à conversão, pois eles também são chamados à graça da fé. Portanto, toda a vontade apostólica é no sentido de convencer os fiéis a praticarem a Lei do Senhor e acreditarem na Ressurreição.

A *função expressiva ou poética* é encontrada no livro dos salmos. Todos os salmos são orações em forma de poemas e retratam o momento existencial do povo de Deus e da pessoa que o compôs. Vejamos que neles encontramos muitas rimas e que os versos são metrificados, tudo para ser cantado com o acompanhamento de um instrumento chamado Saltério. Vejamos o Sl 136, redigido em um momento de sofrimento, em que o povo de Deus estava exilado na Babilônia:

*Junto aos rios da Babilônia*
*nos sentávamos chorando*
*com saudades de Sião.*
*Nos salgueiros por ali*
*pendurávamos nossas harpas*
*pois foi lá que os opressores*
*nos pediam nossos cantos.*
*Como havemos de cantar*
*numa terra estrangeira?*
*Se de ti, Jerusalém, eu me esquecer*
*que resseque a minha mão*
*que se cole a minha língua*
*ao paladar se de ti não me lembrar.*

Os versos são todos de sete sílabas (redondilha maior), com a finalidade de ajudar na cadência orante e na musicalidade. Vamos escandir apenas os três primeiros versos:[1]

Jun/to aos/ ri/os/ da/ Ba/bi/lô/nia = 7 sílabas
Nos/ sen/tá/va/mos/cho/ran/do = 7 sílabas
Com/ sau/da/des/ de/ Si/ão = 7 sílabas

Comprova-se, assim, que nos salmos encontramos a função poética e expressiva da linguagem. O trabalho do belo, feito com as palavras e levando em conta os aspectos fonéticos e

---

[1] Sabemos que, no processo de escansão dos versos, se contam as sílabas poéticas levando-se em consideração as elisões das vogais, e a contagem vai até a última sílaba tônica.

fonológicos, as aliterações das consoantes e as assonâncias das vogais, faz com que a graciosidade da letra penetre na alma, por isso mesmo estão presentes em todos os ritos litúrgicos e, por excelência, na Santa Missa, como salmo de resposta à primeira leitura, como já vimos ao estudar os Lecionários.

A *função metalinguística* é a linguagem explicada pela própria linguagem, como, por exemplo, Jesus, ao explicar alguma parábola de difícil compreensão, faz uso dessa função, pois ele usa a língua e, através do mesmo código linguístico, explica o que não foi entendido.

Vejamos, agora, alguns gêneros textuais da Bíblia. Em primeiro lugar, vamos entender o que significa o vocábulo *gênero* para a linguística moderna. Os gêneros são as formas fixas dos textos se manifestarem socialmente. Ou seja, o que determina uma resenha é a sua forma própria de composição: resumo da obra ou filme acrescido de um juízo de valor do resenhista, que indica ou não aquilo que foi resenhado. Sem um juízo de valor, seria, apenas, um resumo. O que compõe o gênero textual usado numa bula de remédio são os seus componentes essenciais: composição química, interações com outros medicamentos, indicações, posologia, e assim por diante. Os vários discursos possuem gêneros textuais, quer sejam orais, quer sejam escritos: discurso literário, jornalístico, médico, culinário, acadêmico, religioso...

Com relação a este último, temos na Bíblia muitos tipos de gêneros: poético ou expressivo como os salmos, as parábolas, os hinos paulinos e o Apocalipse. Todos esses gêneros estão presentes na Liturgia da Palavra, e os leitores deverão conhecê-los e estarem cônscios da sua função dentro das celebrações. Os *salmos* aparecem, sempre, como uma resposta à leitura anterior. Como não lembrar, novamente, do Sl 136, composto no tempo do exílio da Babilônia. Este salmo sempre aparece na Quaresma ou quando a primeira leitura trata do exílio da Babilônia. É um poema, pois possui a linguagem poético-expressiva sempre com versos de sete sílabas ou redondilha maior, dando cadência ao aspecto musical do salmo. Aliás, eles foram compostos para serem cantados.

As *parábolas* compõem um gênero textual muito usado por Jesus. São narrativas não históricas, mas de cunho moral, as quais Jesus contava para que as pessoas mais simples entendessem melhor os seus ensinamentos.

# Fonética, fonologia e dicção　　5

Vê-se logo que a fonética e a fonologia, pela própria etimologia vocabular, ligam-se às questões de sons de uma determinada língua.

Para o exercício do ministério dos leitores, salmistas e ministros da Palavra, a voz é fundamental, seja para proclamar, cantar ou exortar. As ciências que estudam os sons são a fonética e a fonologia, que possuem conceituação diferenciada. A *fonética* estuda os sons como entidades físico-articulatórias isoladas (aparelho fonador), cabendo a ela analisar suas particularidades acústicas e perceptivas. Ela se preocupa em estudar os sons da voz humana, examinando suas propriedades físicas independentemente de seu papel linguístico de construir as formas próprias de uma língua. Sua unidade mínima de estudo é o som da fala, ou seja, o *fone*.

Já à *fonologia* cabe estudar as diferenças fônicas intencionais, distintivas, isto é, que se unem às diferenças das significações, estabelecendo uma relação entre os elementos de diferenciação e quais as condições em que se combinam uns com os outros para formar morfemas, palavras e frases.

Sua unidade mínima de estudo é o som da língua, ou seja, o *fonema*. Podemos, então, dizer que a fonética estuda os sons da fala, enquanto a fonologia preocupa-se com os sons de determinada língua.

Como já dissemos, para produzir sons é necessária a voz, que é um som produzido na laringe humana com o ar que é expulso dos pulmões. A produção da voz tem a participação de três sistemas: o respiratório, o fonador e o ressonador, aliados a aspectos neurofisiológicos e psicológicos. O sistema respiratório possibilita a sobrevivência humana, alimentando as células com o oxigênio, em conjunto com os sistemas fonador e ressonador. A voz, portanto, é este som produzido na laringe como um veículo da comunicação humana, podendo se manifestar em modalidades como a fala e o canto.

Falar e cantar se definem, na capacidade de expressão, por meio de fonemas, palavras, frases, discurso, havendo diferenças de entonação, frequência e duração – os suprassegmentos linguísticos.

Portanto, podemos dizer que a fala e o canto têm bases comuns, os sistemas: respiratório, fonador, ressonador e auditivo, aliados aos processos neurofisiológicos e psicológicos, atuantes na produção da voz e aprendizado das línguas. A diferença entre essas duas atividades vocais pode estar na técnica de utilização desses sistemas em conjunto, no tocante à respiração (volume de ar e sustentação), impostação (postura do trato vocal), duração dos fonemas (ritmo), frequência do som (melodia, afinação) e, com certeza, a expressividade.

Para se ler e cantar na Sagrada liturgia, é muito importante entender e pôr em prática as questões de pronúncia e dicção. A primeira é um conjunto de sons de uma língua e as combinações possíveis entre eles; um modo de articular as palavras de acordo com a prosódia (frequência, intensidade, duração, acento, ritmo, entonação). A dicção, por sua vez, é o modo de dizer, no que tange à escolha e disposição das palavras, tendo em vista a clareza. Ambas as atividades se complementam no ato de proclamar a Palavra de Deus ou cantar um salmo.

Kurten (2016) apresenta a linguagem como um ponto de interação entre a liturgia e a comunicação. A autora diz que é a linguagem o aspecto que mais sofre aculturação para a adaptação litúrgica. Assim, a adequação linguística nos atos de fala é fundamental para o entendimento da mensagem, tanto na tradução dos textos como no momento de explicação dos mesmos, seja na homilia, seja em pequenas explicações.

# A postura — 6

A postura para proclamar bem a Palavra de Deus na Sagrada liturgia deve ser observada desde o começo da celebração, pois, desde seu início, os leitores e salmistas deverão estar próximos ao ambão. Já na procissão de entrada, faz-se necessária certa disposição do corpo, demonstrando prontidão e enlevo. Essa mesma postura deverá ser mantida ao longo de toda a ação litúrgica. Durante a Santa Missa, os leitores ficam em locais determinados, com pés bem assentados (não devendo balançar-se nem cruzar os pés) e, no momento em que se dirigirem ao ambão para fazer a leitura ou cantar o salmo responsorial, devem manter o corpo ereto, as mãos postas, lentamente e com toda a unção; caminhar com passadas normais, sem ostentação nem precipitação, sem rigidez ou displicência, mas com uma digna e ritmada naturalidade. Lembremo-nos de Jesus na sinagoga de Nazaré: "Todos ficaram com os olhos fixos nele" (Lc 4,20b). A assembleia celebrante, também, fixa os olhos naquele que preside, no caso, o bispo, o sacerdote, o diácono ou o ministro da Palavra leigo, como também em todos os que sobem ao altar para exercer alguma função litúrgica. Já no ambão, de cabeça erguida, o celebrante deverá fixar os olhos na comunidade em geral e, em seguida, fixar um ponto; só então proclama a leitura com voz audível, fazendo as pausas no momento correto, olhando para o livro e para o povo quase que simultaneamente. Lembrando que durante a leitura da Palavra de Deus não se diz versículos, nem aquele tema que aparece em letra diferenciada acima do texto revelado. Ao final se diz: PALAVRA DO SENHOR, e *nunca* "palavras" do Senhor. Porque nesse momento litúrgico a alusão é ao Verbo que se fez carne, a única Palavra do Senhor. Todos os textos bíblicos estão em função dele. Como também não se deve fazer uso de expressões como: "irmãos, estas são as palavras do Senhor", ou outras semelhantes, pois trata-se de uma aclamação e não de uma explicação.

O leitor e o salmista não deverão debruçar-se sobre o ambão nem permanecer lá de braços cruzados ou com as mãos nos bolsos. Os braços poderão permanecer pendentes ao longo do corpo ou dobrados, para permitir um leve e discreto apoio de mãos na orla central do ambão, podendo apoiar o dedo no texto para que não se perca.

Como já dito e, agora se enfatiza, quando chegar ao ambão, guarde-se uma breve pausa para olhar para a assembleia a fim de registrá-la na mente, pois é a ela que se dirige, e, também, para estabelecer um contato direto antes de iniciar a proclamação. Respirar com calma e profundidade, esperando que toda a assembleia esteja sentada e tranquila e se tenha criado um ambiente de silêncio e escuta.

É importante que a proclamação do texto bíblico seja feita com calma e que se obedeçam às regras da boa leitura, sobretudo as que se referem à pontuação (pausas). A cabeça deverá estar levantada no prolongamento do corpo, pois, assim, a assembleia pode ver o rosto daquele que proclama, além do que, com isso, a voz ganha clareza e volume.

O leitor ou salmista retorna para seu lugar mantendo a mesma postura, com naturalidade e dando passos normais e firmes. Ao sentar-se, conserve-se sempre ereto e em estado de prontidão até o fim da Santa Missa e saída do cortejo final. Por sua vez, não abandone o ambão antes da resposta da assembleia e deixe o Lecionário aberto na página do salmo responsorial ou da segunda leitura, para que fique pronto para o leitor seguinte.

# Ritmo e silêncio nas celebrações

7

Toda celebração litúrgica e, sobretudo, a Santa Missa, possui um ritmo que lhe é peculiar. Cada coisa acontece na hora definida, sem exageros ou gestos que chamem atenção, pois, depois que a missa começa, qualquer deslocamento tira o foco do altar, que é o lugar para onde converge o nosso olhar, o próprio Cristo, pois ele é o protagonista de toda ação. Ligam-se ao ritmo os seguintes gestos: estar de pé, sentados, de joelhos, cantando, fazendo reverências, postura das mãos e das pernas (nunca cruzadas). O padre, por presidir *in Persona Christi* (na Pessoa de Cristo) a celebração da Eucaristia, deverá esmerar-se em ser modelo para toda a comunidade. Ele, também, terá uma postura de corpo, mãos, braços e pés adequada. Nunca deverá cruzar as pernas no altar, ou gesticular muito. Os movimentos deverão ser sempre contidos, para evitar toda dispersão. Dirigir-se-á ao ambão para proclamar o Evangelho sobriamente, como também quando for para o altar, sempre com muita reverência e unção. Esse tipo de posturas é que determinam o ritmo nas celebrações. Tudo flui no rito: um gesto atrás do outro, sem demora, e cada ministério exercendo a sua função na hora certa: músicos, coral, povo, leitores, salmistas, acólitos e o celebrante.

O silêncio aparece intercalado entre os ritos. É de fundamental importância para a interiorização do culto e ruminação da Palavra de Deus. Na missa é fundamental que se faça o silêncio litúrgico após a homilia, como também ao acabar o Rito de Comunhão, momentos em que se escuta o Senhor, pois é ele que nos vai iluminar e mostrar todos os frutos que colheremos da celebração. Nunca devemos esquecer que das nossas celebrações litúrgicas e, sobretudo, da Santa Missa, nunca devemos sair de "mãos vazias", ou seja, da mesma maneira que chegamos, mas algo nos deve interpelar a uma mudança pessoal e comunitária rumo à santidade, senão ficaremos, apenas, no aspecto teatral, sendo assim uma perda de tempo estar ali. Daí os momentos de silêncio contribuírem muito para o nosso aprofundamento pessoal na escuta do Senhor. Lembremos que, na visita que Jesus fez às suas amigas de Betânia, aquela que escolheu a melhor parte foi Maria, que ficou escutando o Senhor (cf. Lc 10,42b).

O silêncio na liturgia faz-nos ouvir a sonoridade de Deus. A justa proporção entre palavras, gestos, movimentos e silêncio é fundamental para uma boa celebração litúrgica. O silêncio sagrado dá profundidade à oração.

Com a reforma litúrgica do Concílio Vaticano II, o silêncio tornou-se parte integrante nas celebrações. A Constituição *Sacrosanctum Concilium* informa-nos que os fiéis deverão ter participação ativa nas celebrações através de aclamações, respostas e cânticos, mas, ao mesmo tempo, acrescenta: "Guarde-se, também, em seu devido tempo um silêncio sagrado" (SC, 30). E a Introdução Geral ao Missal Romano reafirma esta determinação quase nos mesmos termos: "Oportunamente, como parte da celebração, deve-se observar o silêncio sagrado" (IGMR, 45). Também no livro do Apocalipse de São João, quando ele descreve a liturgia celeste, diz que, quando o Cordeiro abriu o sétimo selo, fez-se, no céu, um silêncio de meia hora (cf. Ap 8,1).

O silêncio na missa não é um mero tempo de mutismo nem de espera vazia entre as duas partes da celebração. Ao contrário, ele faz parte dessa oração maior e comunitária da Igreja, sendo uma abertura para Deus e um reencontro consigo mesmo. Os fiéis, assim, ficam particularmente mais integrados à intimidade do Mistério que celebram, e não participam apenas como espectadores estranhos e mudos ao que se passa no altar. O silêncio litúrgico é o auge da prece e de entrega a Deus, tem um valor positivo com ordem a obter maior participação para o culto do Senhor e a santificação dos fiéis. Lembremos que, na liturgia da Sexta-feira Santa, a celebração da Paixão e morte do Senhor começa em um silêncio profundo, com a prostração dos celebrantes. Não há antífonas ou cantos de entrada porque, diante do mistério da morte de um Deus que dá sua vida por amor, o ser humano (simples criatura) não teria outra postura mais nobre e orante a não ser se calar.

Portanto, o melhor meio de se preparar devota e dignamente para a celebração eucarística é manter o silêncio no recinto sagrado, inclusive na sacristia e locais próximos. O silêncio é a melhor preparação para as celebrações litúrgicas. Com exceção de alguma música apropriada para garantir a interiorização, não devem ser feitos ensaios, avisos, escolha de leitores ou movimentação em cima do presbitério. Tudo isso atrapalha a interiorização do culto, que já começa com o silêncio sagrado. Se antes da missa estas atitudes são importantes, obviamente, mais ainda, durante as celebrações.

Além dos dois momentos de silêncio que falamos anteriormente, para a missa, após a homilia e Comunhão Eucarística, também propomos outro momento no Ato Penitencial. Se não forem incentivados esses tempos de silêncio, a celebração eucarística poderá converter-se em uma sucessão de palavras, orações e ritos amontoados uns sobre os outros e estaremos envolvidos na assistência rotineira, na dispersão, no ruído e, sobretudo, na falta de participação. Até para as missas com crianças, a Igreja orienta fazer um momento de silêncio sagrado.

Esse silêncio é como se fizéssemos cair com o rosto em terra diante do mistério de Deus, que está ali sendo atualizado pela memória litúrgica, pois nossas palavras são insuficientes, nossos gestos torpes e nossos pensamentos, muitas vezes, inadequados diante da Divina Majestade, o esplendor da beleza e da augusta santidade do nosso Deus. Necessitamos, portanto, de períodos de calma e silêncio nesta vida hodierna tão agitada e cheia de divagações. Precisamos de um clima favorável diante do mistério que celebramos. Temos que evitar que a ansiedade e a agitação da cultura moderna atrapalhem as nossas celebrações litúrgicas.

# Humildade do leitor    8

A humildade é uma das posturas cristãs que mais comovem o coração de Deus. A Virgem Maria, diante do anúncio do anjo, respondeu: "Eu sou a serva do senhor, faça-se em mim segundo a sua Palavra" (Lc 1,38). Nosso Senhor Jesus Cristo também nos ensinou: "O maior é aquele que serve" (Lc 22,26), e, ainda, "Os humilhados serão exaltados" (Mt 23,12). Vemos aqui que o próprio Mestre e sua Mãe nos dão o exemplo de humildade. Se quisermos viver no seguimento de Jesus e de Maria, temos que trilhar este caminho, pois os poderosos, os soberbos serão destronados e despedidos de mãos vazias (cf. *Magnificat*).

O leitor ou qualquer outro ministro envolvido na celebração da Santa Missa ou em outras celebrações litúrgicas deverá destacar-se pela humildade. A própria postura deverá transparecer uma atitude humilde e discreta.

Deve-se evitar qualquer protagonismo dos leitores e salmistas, pois não é um show, mas um serviço que se presta ao Senhor.

Infelizmente, às vezes, observamos que, em algumas comunidades, os que exercem um ministério não o fazem para honra e glória do Senhor, e sim para fortalecer o seu próprio egocentrismo. As pessoas vão ao ambão ou ao altar não para a glória de Deus, mas para sua própria glória, ou seja, para aparecer, sobressair-se. Devemos cortar este mal do nosso interior, pois uma missa, ou qualquer outra celebração litúrgica, com essas disposições não proporcionará o efeito desejado, que é favorecer nossa santidade. Aqui, lembramos as duas dimensões da liturgia, que é a *glorificação de Deus e santificação do homem.*

Daí a necessidade de fazermos um trabalho interior contínuo de humildade, para que estejamos sempre a serviço do Senhor, que precisa de nós para manifestar a sua glória. Ao fazermos tudo na simplicidade de coração, com certeza, seremos santificados.

# Pistas para a educação vocal 9

Como a voz é o nosso instrumento para proclamar a Palavra de Deus e cantar os salmos responsoriais, vale a pena tratar, agora, dos cuidados que se deverá ter com ela para melhor colocá-la a serviço do Senhor. Seguem algumas dicas:[1]

a) Tomar pelo menos oito copos de água diariamente.

b) Não respirar de boca aberta, se o ambiente for úmido, com mofo.

c) O nariz tem a função de purificar o ar. Sempre que não estiver falando, procure respirar pelo nariz.

d) Não sair para local frio com a voz aquecida.

e) Tomar cuidado com ingestão de alimentos gelados, pois isso baixa a resistência do corpo.

f) Chá sem açúcar é uma boa opção.

g) Inimigos da voz: chocolate, café e fumo.

h) Maçã é muito bom para cortar a salivação excessiva.

---

[1] Mimeo.

i) Gengibre ou chá de menta, antes de dormir, é uma boa opção.

j) Cansaço físico afeta a voz. O repouso vocal é importante para conservá-la.

k) Não sussurrar, pois é o mesmo esforço que falar alto.

l) Quando acordamos, nosso corpo está em estado de repouso, gastando o mínimo de energia, portanto, é preciso diminuir o esforço vocal. Quanto mais frouxa a garganta, mais a voz fica densa. Não gritar ao acordar.

m) Não aumentar a voz para ser ouvido em ambiente ruidoso.

Com essas dicas, pensamos estar ajudando nossos leitores e salmistas na proclamação das leituras e no canto dos salmos na Sagrada liturgia. Agora, passaremos para a segunda parte deste compêndio, a qual tratará do ministério dos salmistas.

# 2

# OS SALMISTAS

# Sobre os salmos 1

Os salmos são poemas bíblicos e constituem uma das formas mais importantes de oração produzida pela humanidade. Judeus, cristãos e religiosos de todas as tradições, dia após dia, recitam e, sobretudo, cantam os salmos. Os clérigos e religiosos os cantam como profissão, pois essas orações constituem o centro da Liturgia das Horas, o livro de orações oficial da Igreja para aqueles que se consagram ao Senhor.

Não se sabe com exatidão quem são seus autores, pois foram escolhidas as orações que já circulavam no meio do povo. Sem dúvida, muitos são do rei Davi, pois ele foi pastor, guerreiro, profeta, músico, cantor, assim como um rei profundamente religioso e temente a Deus.

Para os exegetas, os salmos foram compilados no século II a.C., na época dos Macabeus. O conjunto dos 150 salmos chama-se *Saltério,* e leva o mesmo nome do instrumento musical que era utilizado para cantá-los.

Os salmos testemunham a profunda convicção de que Deus está no nosso meio, muito perto de nós, morando conosco como que na mesma tenda (*shekinah*), podendo-se chegar até ele em súplicas, lamentações, louvores e ações de graças. Os hebreus sempre cantaram essa proximidade de Deus: "Ninguém tem um Deus tão próximo como o nosso cada vez que o invocamos" (1Cr 28,9). Essas orações revelam, portanto, a consciência da proximidade divina, um aparo do Deus que consola e escuta. Encontramos nos salmos uma dimensão coletiva e individual, uma reforçando a outra. Ao rezar os salmos, identificamo-nos com diversos estados de ânimo: desespero e alegria, medo e confiança, luto e dança, vontade de vingança e desejo de perdão, interioridade e fascinação – presentes neles todos os estados da alma.

Os salmos são poemas religiosos da mais alta expressão, pois recriam as realidades com metáforas e imagens tiradas do imaginário. Portanto, lemos e rezamos o mundo poeticamente, vendo o outro lado das coisas e outro mundo dentro da beleza e do encantamento. Nessa transmutação da realidade, os salmos passam a ser um sacramento de Deus com sabedoria, admoestações e lições que tornam mais seguro o nosso peregrinar rumo à meta, estar com Jesus Cristo, pois, como bem diz o salmista: "Quando caminho entre perigos, tu me conservas a vida... e estás até o fim a meu favor" (Sl 138,7-8), e, ainda, "O Senhor é o pastor que me conduz e nada me falta, ainda que eu ande por um vale tenebroso não temo nenhum mal porque tu estás comigo" (Sl 22,1.4).

O Saltério serviu sempre como livro de consolação e fonte secreta de sentido, especialmente quando irrompe na humanidade o desamparo, a perseguição, a injustiça e a ameaça de morte.

Além de Davi, a tradição atribui a autoria dos salmos ao rei Salomão, seu filho, a Moisés, Asafe, Etã, os descendentes de Corá. Alguns dos salmos foram escritos, porém, após a volta do cativeiro da Babilônia, que aconteceu no século VI a.C. Outra parte na época do reino unido, quando a arca da aliança foi levada para Jerusalém e o templo foi construído naquela cidade. Se o Sl 136 tratou da realidade do exílio babilônico, o Sl 126 lembra-nos da alegria do povo de Deus quando voltou do cativeiro para a sua terra: "Quando o povo de Israel saiu do Egito parecíamos sonhar; encheu-se de sorriso nossas bocas e nossos lábios de canções..." (vv. 1-2). Vemos, assim, que os salmos surgem de um contexto existencial em que vivia o povo de Deus.

A diversidade dos salmos traz uma riqueza especial à sua qualidade, como exemplos de adoração. Eles refletem as emoções de homens espirituais gozando de comunhão com o Criador, como também de pecadores sentindo a falta dele. Pedem bênçãos sobre os justos e punição para os ímpios.

Ainda com Davi, quando fugia o seu filho rebelde, Absalão, escreveu: "São muitos os que dizem de mim: não há em

Deus salvação para ele. Porém tu, Senhor, és o meu escudo... Com a minha voz clamo ao Senhor, e ele do seu santo monte me responde. Deito-me e pego no sono; acordo, porque o Senhor me sustenta" (Sl 3,2-6). Depois que cometeu o adultério com Bersabeia, ele abriu o seu coração arrependido e penitente para Deus:

> Compadece-te de mim, ó Deus, segundo a tua benignidade; e, segundo a multidão das tuas misericórdias, apaga as minhas transgressões. Lava-me completamente a minha iniquidade e purifica-me do meu pecado, pois eu conheço as minhas iniquidades e o meu pecado está sempre diante de mim (Sl 50,3-5).

Os salmos de louvor também têm grande destaque no Saltério, sobretudo na sua parte final.

Existem outros tipos de salmos ao longo da Bíblia, chamados, também, de cânticos. No Novo Testamento (NT) temos o cântico de Maria, o *Magnificat* (Lc 1,46ss), o cântico de Zacarias (Lc 1,67-79), o cântico de Simeão – *Nunc Dimittis* (Lc 2,29-30) e, ainda, muitos cânticos litúrgicos da comunidade primitiva, presentes nas cartas de Paulo, como também no Apocalipse de São João. Todos eles são cantados e rezados tanto na Liturgia das Horas como salmo responsorial na Santa Missa.

Jesus cantou os salmos e os aplicou a ele até mesmo na cruz: "Por que, meu Deus, me abandonaste?" (cf. Sl 21) e, ainda, no momento do último suspiro de sua vida histórica: "Pai, em tuas mãos entrego o meu espírito" (cf. Sl 30). Em At 4,23-31, temos uma menção do Salmo 2, um texto messiânico que está ligado diretamente a Nosso Senhor Jesus Cristo. É dele o versículo do introito da missa da noite de Natal: "Dominus dixit ad me; Filius meus es tu, ego hodie genui te" [O Senhor me disse tu és meu Filho, hoje eu te gerei] – "Quare fremuerunt gentes: et populi meditati sunt in ania? – [Por que se enfurecem as nações e os povos meditam coisas vãs?].[1]

---
[1] Gradual Romano – Natal do Senhor (Missa da Noite).

Em Lc 24,44-28, no episódio dos discípulos de Emaús, Jesus afirma sobre os salmos: "É preciso que se cumpra tudo o que está escrito a meu respeito na Lei de Moisés, nos profetas e nos salmos". Também, em várias passagens do Novo Testamento encontramos citações dos salmos:

a) Mt 21,42: "Vocês nunca leram isso nas Escrituras: a pedra que os construtores rejeitaram tornou-se a pedra angular?" (Sl 117,22-23).

b) Mt 23,39b: "... Bendito o que vem em nome do Senhor" (Sl 177,26).

c) Mt 26,36: "Então chegou Jesus com eles a um lugar chamado Getsêmani, e disse a seus discípulos: Assentai-vos aqui, enquanto vou além orar". Jo 13,18b: "... O que come o pão comigo levantou contra mim o seu calcanhar" (Sl 40,10).

d) Jo 2,17: "E os seus discípulos lembraram-se do que estava escrito: o zelo por tua casa me devora" (Sl 68,10).

e) Jo 15,25: "Mas é para que se cumpra a palavra que está escrita na Lei: odiaram-me sem causa" (Sl 34,19).

f) At 2,24-28: "Ao qual Deus ressuscitou, soltas as ânsias da morte, pois não era possível que fosse retido por ela; porque dele disse Davi: sempre via diante de mim o Senhor, porque está à minha direita, para que eu não seja envergonhado; por isso se alegrou o meu coração e a minha língua exultou; e ainda a minha carne há de repousar em esperança; pois não deixarás a minha alma entregue à morte, nem permitirás que teu amigo veja a corrupção; fizeste-me conhecidos os caminhos da vida, com a tua face me encherás de júbilo" (Sl 15,8-11).

g) Hb 10,5: "Por isso quando Cristo veio ao mundo disse: sacrifício e oferta não quiseste, mas me formates um corpo" (Sl 39,7-9).

Os salmos, também, são o núcleo da Liturgia das Horas; estão presentes em todos os rituais dos sacramentos e sacramentais e previstos para acompanharem os cantos processionais na missa: canto de entrada, apresentação das ofertas e comunhão. Mas têm uma função especial dentro da Liturgia da Palavra, seja dentro da celebração eucarística, seja fora dela. Ele aparece sempre como uma resposta à Palavra de Deus daquela leitura que foi proclamada anteriormente, daí se chamar, também, de salmo responsorial. O povo de Deus responde à leitura com o refrão, intercalando com o solista que deverá cantar ou proclamar, com toda a solenidade, suas estrofes. Este salmo de resposta é sempre escolhido conforme a temática da leitura ouvida, por isso nunca poderá ser substituído por outro e muito menos pelos "famosos" cantos de meditação, *que são inexistentes na celebração da santa missa*. Além do que já foi dito anteriormente, nenhum outro cântico poderá substituí-lo, porque, também, tem o valor de leitura bíblica. O refrão quase sempre é retirado do salmo, podendo ser de louvor, súplica, lamentação ou ação de graças. São, ainda, neste contexto da missa e da Liturgia das Horas, orações "pedagógicas", já que nos ensinam a rezar e nos introduzem no mistério celebrado, sendo, também, mistagógicos. Estão presentes nos livros litúrgicos: no *missal*, como antífona de entrada e de comunhão; nos *Lecionários e sacramentários*, como resposta à Palavra de Deus escutada.

Agostinho, o grande cantor dos salmos, ao comentar o Sl 138, nos diz com todo fervor:

> *De longe penetrais meus pensamentos. Vós conheceis os meus passos e a minha vida, e tudo o que faço vos é familiar* (Sl 138,2-3). O que significa este de longe? Enquanto ainda estou em peregrinação, enquanto não chego à pátria celeste, conheceis meus pensamentos. Dais atenção ao filho mais moço, porque também se tornou corpo de Cristo, Igreja que vem até vós, saída de todos os povos. De fato, o filho mais moço tinha ido para longe. Certo pai de família tinha dois filhos: o mais velho não fora para longe, mas trabalhava no campo e representa os santos que no tempo da Lei cumpriam obras e preceitos. O gênero humano desviara-se para a idolatria, partira para uma longínqua peregrinação.

O que está mais longe daquele que te criou que a representação que dele fizeste? Partiu, pois, o filho mais moço para um país longínquo levando consigo os seus haveres. E, como sabemos pelo Evangelho, dissipou lá tudo o que tinha, vivendo prodigamente. E, como passava fome, pôs-se a serviço do senhor da região, que lhe confiou o cuidado dos porcos. E quisera saciar-se com as vagens que os porcos comiam, mas não lhe era permitido. Após o trabalho, o sofrimento, a tribulação e a pobreza, lembrou-se do pai e resolveu voltar. E disse: "Vou levantar-me irei a meu pai" (Lc 15,18). Reconhece aqui a sua voz que afirma: *Sabeis quando me sento e me levanto* (Sl 138,2). Sentei-me na miséria, levanto-me no desejo do vosso pão. *De longe penetrais os meus pensamentos.* Por isso diz o Senhor no Evangelho que o pai correu ao seu encontro (Lc 15,20). Com toda razão, porque penetrou-lhe de longe os pensamentos: *Vós conheceis os meus passos e as minhas pausas.* Os meus passos, disse. Que passos se não os maus, que lhe deu ao abandonar o pai, como se pudesse ocultar-se aos olhos de quem podia castigá-lo? E como pôde ter sido oprimido por aquela pobreza e encarregado de guardar porcos, se não porque o pai quis castigar quem estava longe, para acolhê-lo quando voltasse para perto. Por isso, como um fugitivo que é apanhado – um fugitivo seguido pelo justo castigo de Deus, que nos pune em nossos afetos onde quer que andemos e onde quer que tenhamos chegado – sim, como um fugitivo que é apanhado, ele exclama: *Vós conheceis os meus passos ... e todos os meus caminhos vos são conhecidos. Antes que entrasse em meus caminhos, antes que percorresse, vós os conhecíeis.* E permitistes que andasse por eles, entre sofrimentos, para que, não querendo sofrer, pudesse retornar aos vossos caminhos. *Porque não há maldade em minha boca* (Sl 138,4). E por que diz isto? Porque faço aqui esta confissão: andei por maus caminhos e fiquei afastado de vós; afastei-me de vós, levando o que julgava um bem e que, ao vos perder, tornou-se para mim um mal. Realmente, se eu me sentisse bem sem vós, talvez não houvesse querido retornar. Por isso, confessando os seus pecados, ele disse na pessoa do Corpo de Cristo, justificado não por si, mas pela graça: *não há maldade em minha boca*.[2]

Como se vê, Santo Agostinho comenta o Sl 138, a partir da Sagrada Escritura, tomando a parábola do filho pródigo, e explica o nosso distanciamento de Deus, mas, por outro lado, o desejo do Pai para com aquele que se encontra disperso. O Pai sabe tudo: quando nos sentamos, levantamo-nos, dormimos ou despertamos. Ele sabia que o filho retornaria e o acolheu de braços abertos, fazendo festa. Por isso, já de longe, ele penetra os nossos pensamentos, pois tudo em nós lhe é familiar. Aí está a atualidade dos salmos como uma oração bastante fiel à realidade de cada um, por isso sempre atual e muito presente nas celebrações litúrgicas.

---

[2] Todos os grifos do comentário de Santo Agostinho são nossos.

Os salmos são declarações de relacionamento entre o povo e seu Senhor. Pressupõem aliança entre os interlocutores do momento orante. Os cânticos de adoração, confissões de pecado, protestos de inocência, queixas de sofrimento, pedidos de livramento, garantia de ser ouvido, petições antes das batalhas e ações de graças depois delas são todos expressões do relacionamento singular que o povo tinha com o Único Verdadeiro. Temor e intimidade combinavam-se no entendimento que os israelitas tinham desse relacionamento. Eles temiam o poder e a glória de Deus, sua majestade e soberania. Ao mesmo tempo, protestavam diante dele, discutindo suas decisões e pedindo sua intervenção, reverenciando-o como o Senhor e o reconhecendo como Pai.

Na Igreja dos primeiros cristãos, mais ou menos até o séc. V, destacamos Santo Atanásio de Alexandria, que enfatizou que cada salmo "está composto e é proferido pelo Espírito", sendo um espelho no qual se refletem as emoções de nossa alma, e onde podemos captar os movimentos dela e motivar-nos a reformar a nossa vida espiritual. Já Santo Ambrósio de Milão introduziu o canto dos salmos no culto público do Ocidente, e os vê como práticas a serem aplicadas a todas as almas, ou como um estádio da virtude, em que diferentes exercícios são praticados, dentre os quais poder-se-ão escolher os mais adequados "treinamentos" para alcançar a coroa. Esse grande santo fundador do rito ambrosiano ou milanês chamou o livro dos salmos de escola e remédio a serem cantados para o mundo inteiro.

Conhecendo um pouco mais sobre a preciosidade dos salmos para o crescimento da vida interior através do seu canto meditativo e orante, passemos a ver, de modo mais detalhado, sua presença na Sagrada liturgia.

# Função dos salmos na liturgia    2

A principal função dos salmos na liturgia é levar os fiéis a rezar com mais devoção e vigor, tendo sempre a vida como pano de fundo, pois seus compositores foram pessoas ou comunidades orantes que rezavam sobre os fatos do cotidiano.

Nos atos litúrgicos, aparecem dentro da Liturgia da Palavra. No que concerne à Santa Missa, liga-se ao tema da primeira leitura com o intuito de aprofundá-la de maneira orante. Assim, por exemplo, na solenidade da Assunção de Nossa Senhora, a primeira leitura é retirada do capítulo 12 do livro do Apocalipse de São João, a visão da mulher vestida de sol, calçada com a lua e coroada de doze estrelas. Portanto, a Virgem Maria como mulher cosmológica e rainha do universo, pois deu à luz o próprio autor da vida. Por isso o salmo responsorial desse dia é o Sl 44, que trata da rainha que está no céu à direita da Santíssima Trindade, resplandecente de beleza. Este texto também aplica-se à figura da Igreja, esposa e mãe; tendo, portanto, a mesma função da Virgem Maria.

Refrão retirado do próprio salmo:

*À vossa direita se encontra a rainha, com veste esplendente de ouro de Ofir.*

1. Escutai, minha filha, olhai ouvi isto
Esquecei vosso povo e a casa paterna.
Que o rei se encante com a vossa beleza.
Prestai-lhe homenagem: é vosso Senhor!

2. Majestosa, a princesa real vem chegando
Vestida de ricos brocados de ouro.
Em vestes vistosas ao rei se dirige.
E as virgens amigas lhe formam cortejo.

3. Entre cantos de festa e com grande alegria,
Ingressam, então, no palácio real.
Deixareis vossos pais, mas tereis muitos filhos;
Fareis deles os reis soberanos da terra.

Como se vê, além de ligar-se à temática da primeira leitura, o Sl 44 canta o sentido do mistério da Assunção da Virgem Maria, em corpo e alma, ao mais alto dos céus. A antífona utiliza o verbo no presente do indicativo: ESTÁ; o rei se encantou com a beleza da virgem, suas virtudes, sobretudo a da humildade e pureza de coração. Essas virtudes são as riquezas de seus adornos. As "virgens amigas" diz respeito a todos aqueles que vivem os valores do Evangelho. Estes ingressam no palácio real e sua descendência será soberana em toda a terra. É na vivência dos ensinamentos do Senhor que, no final dos tempos, depois do último julgamento que, também, entraremos, em corpo e alma, nos tabernáculos eternos. Isso é o que nos ensina a nossa profissão de fé: "... Creio na ressurreição da carne...".

Para ajudar a nossa oração, vale a pena refletirmos algumas considerações com relação à presença dos salmos na liturgia:

a) Portanto, vale enfatizar que a forma musical do salmo, apresentada no Lecionário da missa, é responsorial, diferente do estilo antifonal da Liturgia das Horas. O salmo responsorial consiste num *refrão*, cantado por toda a assembleia e com estrofes entoadas por um solista competente. No início do salmo, o refrão é cantado duas vezes: a primeira vez apenas pelo solista, e uma segunda vez junto com o povo. Entre cada estrofe e ao final, o refrão é cantado por toda a assembleia *apenas uma vez*.

b) As melodias deverão ser sóbrias e orantes, pois deverão conduzir a assembleia ao mistério celebrado.

c) A melodia para o refrão deve ser simples, para que a assembleia aprenda rapidamente e o texto possa aparecer nitidamente e sem muitas voltas. Que o refrão não supere uma oitava ou no máximo dez notas. Deve-se priorizar o texto que se encontra no Lecionário.

d) As estrofes podem ser cantadas por um solista ou duas ou três pessoas, mas sempre privilegiando a compreensão do texto.

e) O arranjo instrumental deverá ser sóbrio e discreto e nunca sobrepor as vozes (do salmista ou da assembleia).

f) As melodias para o salmo responsorial deverão adaptar-se aos vários textos dos salmos, como vemos no Hinário litúrgico, em que a mesma melodia é cantada ao longo de várias semanas.

Para Bucciol (2016), o salmista necessita ter uma boa formação espiritual, litúrgico-musical e técnica. Quanto à formação espiritual, instrui que se cultive o hábito da leitura orante da primeira leitura proposta no Lecionário, como também do salmo responsorial correspondente, trazendo a Palavra de Deus para o cotidiano, para que cante de forma orante. Já quanto à formação bíblico-litúrgica, sugere o aprofundamento do sentido literal e cristológico dos salmos no projeto salvífico de Deus. Com relação à competência musical, orienta o uso da voz de forma adequada, com boa dicção, e que se entenda o mínimo de interpretação da leitura da partitura musical, favorecendo a harmonia da voz com o instrumento que, geralmente, deveria ser o órgão, instrumento primeiro da liturgia romana. Para a formação prática, o salmista deve adquirir competência em manusear o Lecionário, como também o Hinário litúrgico e, ainda, saber como usar o microfone.

Tudo isso, para que a nossa oração seja pura, coloque o Senhor como protagonista de toda a ação litúrgica e chegue, como verdadeiro louvor, ao trono do Altíssimo.

# Os salmos nos Lecionários e nos rituais dos Sacramentos

## 3

Com a reforma litúrgica empreendida pelo Concílio Vaticano II, sugerindo que os tesouros da Palavra de Deus fossem abertos mais abundantemente para os fiéis, surgiram, como já vimos, os Lecionários divididos em três volumes: o dominical, o semanal (ou ferial) e o santoral, cada um deles com leituras próprias e temáticas correspondendo as vários tempos litúrgicos, festas e solenidades. Algumas memórias, também, possuem lições próprias, com seus salmos correspondentes.

O salmo responsorial está situado dentro do corpo da Liturgia da Palavra, que, por sua vez, realiza-se após os ritos iniciais e antes da liturgia sacramental; essa estrutura ocorre em todos os Sacramentos e sacramentais.

A Introdução Geral ao Missal Romano (IGMR), n. 29, diz:

> Quando se leem as Sagradas Escrituras na Igreja, o próprio Deus fala a seu povo, e Cristo, presente em sua Palavra, anuncia o Evangelho. Por isso todos devem escutar com veneração as leituras da Palavra de Deus, elemento de máxima importância da Liturgia.

Constata-se que, ao iniciarmos a Liturgia da Palavra, estamos realizando o feliz diálogo da Aliança: Deus fala a seu povo; e nós, que somos hoje o seu povo, escutamos esta Palavra de vida com toda a veneração.

É a primeira leitura que sugere o salmo responsorial, que é a parte integrante da Liturgia da Palavra, constituindo algo de grande importância litúrgica e pastoral. Esta prática remonta aos tempos apostólicos, que, por sua vez, é a continuação da prática da liturgia judaica, em que à leitura bíblica seguia o canto de um salmo como resposta da assembleia à Palavra de Deus proclamada. Portanto, o salmo responsorial é Palavra de Deus e não uma "peça" que possa ser substituída por outra qualquer.

*Atenção*: também não se podem trocar as leituras e o salmo responsorial – que são a própria Palavra de Deus – por outros textos não bíblicos. Portanto, este salmo que segue imediatamente a leitura ouvida, tem a função de ser resposta da comunidade a Deus, que fala por sua Palavra. Assim, os fiéis respondem à Palavra de Deus com a própria Palavra de Deus, que é o salmo.

É importante que o canto do salmo responsorial (ou sua proclamação) realize-se do ambão, ou da mesa da Palavra, e que seja tomado do Lecionário. É com pesar que, às vezes, observamos leitores e salmistas que, por falta de informação, não sabem manusear o Lecionário e acabam levando o livrinho da liturgia diária e colocando-o em cima do livro litúrgico, para proclamar ou cantar desse folheto. Perde-se, com isso, totalmente o sentido da solidez da Palavra do Senhor. De preferência, o salmo responsorial seja cantado, ao menos no que se refere ao refrão do povo. Assim, o salmista profere ou canta os versículos enquanto toda a assembleia, sentada, participa ativamente com o refrão. Na liturgia, ele cumpre a função de favorecer a meditação do texto da leitura, valendo salientar que esta resposta a Deus poderá ser realizada em tom de louvor, ação de graças, súplica etc., conforme o gênero literário do salmo. É esta a função que ele tem, tanto nos sacramentos quanto nos sacramentais.

A importância e riqueza dos salmos emanam da Tradição da Igreja. O Saltério (como é chamado o livro dos salmos) é composto de 150 fórmulas inspiradas pelo Espírito Santo, com a finalidade de ajudar-nos e ensinar-nos a rezar. Faz-se necessário, portanto, instruir constantemente os fiéis sobre o modo de escutar a Palavra de Deus que nos é transmitida pelos salmos. O canto dos salmos na missa, nos outros rituais dos sacramentos e sacramentais, deverá contribuir para que o povo de Deus tenha cada vez mais acesso ao tesouro da salmodia, que manifesta a beleza e a riqueza que o Espírito Santo nela infundiu.

## Alguns aspectos para execução musical

Antes do canto do salmo não se faz nenhum comentário, motivação ou leitura do próprio refrão. A IGMR, n. 56, nos diz: "A Liturgia da Palavra deve ser celebrada de tal modo que favoreça a meditação; por isso, deve ser de todo evitada qualquer pressa que impeça o recolhimento. [...] Convém que tais momentos de silêncio sejam observados, por exemplo, antes de se iniciar a própria Liturgia da Palavra, após a primeira e a segunda leitura, como também após o término da homilia".

O primeiro requisito para um salmo responsorial cantado é a inteligibilidade do texto. Durante o canto das estrofes, a assembleia participa ouvindo e acolhendo a Palavra. Daí a importância da clareza na pronúncia, pois, para bem exercer a sua função, é necessário que o salmista saiba salmodiar e tenha boa pronúncia e dicção.

Orienta-se que as melodias dos salmos sejam sóbrias e orantes; sempre em sintonia com o sentido do texto (louvor, súplica, ação de graças...), possibilitando a participação consciente de todos.

A música deverá estar sempre a serviço da Palavra. Sua grande finalidade é, portanto, realçar a Palavra emprestando-lhe sua força de expressão e motivação; jamais lhe dificultar a audição, compreensão, assimilação, pois o texto tem primazia (cf. SC 121). Os acentos fortes e fracos do ritmo deverão acontecer com os acentos do texto (sílabas tônicas e átonas), colocando em evidência a estrutura linguística e o ritmo do próprio texto.

Também a melodia do refrão deve ser simples, para que seja cantada com facilidade. Que sejam melodias silábicas, com apenas uma nota por sílaba, evitando-se melismas ou ornamentos de difícil execução.

No salmo responsorial, os instrumentos quase se calam para priorizar a letra do texto. Eles nunca devem sobrepor a voz do salmista e da assembleia. Já no canto de aclamação, podem ser mais vibrantes.

Para concluirmos esta parte, lembramos que os salmos presentes em toda a liturgia, sejam nos sacramentos ou sacramentais, são de resposta e têm como função principal fazer-nos meditar a Palavra de Deus ouvida, com a finalidade de *pô-la em prática*, pois, por ser também Palavra de Deus, contribui para o aprofundamento da leitura que foi ouvida anteriormente; poderíamos dizer que é uma *leitura orante*.

# O ambão, a antífona, o solista

## 4

Apenas uma reflexão, agora de modo mais pedagógico em relação àquilo que já foi apresentado.

O *ambão* é a mesa da Palavra, de onde se proclama a Palavra de Deus. O vocábulo vem do grego "anabaiano", que significa subir, elevar, lugar para onde se sobe (os ambões antigos possuíam degraus). Essa elevação facilita a transmissão da Palavra e a visibilidade do leitor ou salmista. O ambão deverá estar em um lugar digno, de preferência, à direita do altar. Do lado oposto, seria interessante ser colocada uma estante simples para se proclamar: os comentários, preces comunitárias, avisos etc.

Devem ser proclamados do ambão: o Evangelho, as leituras, os salmos, o Precônio Pascal (anúncio da Páscoa) na Vigília Pascal, o canto das Calendas de Natal (anúncio do Natal), se este for proclamado ou cantado antes do Glória, na missa da Noite, podendo ser utilizado, também, para a proclamação da homilia.

Não devem ser feitos no ambão: os comentários, preces, avisos ou mesmo dirigir o canto. Para essas ocasiões, dever--se-á colocar uma estante simples do lado oposto.

O ideal é que o ambão seja de pedra, fixo.

O povo de Deus manifesta a natureza da Igreja quando, convocado pela Palavra de Deus, se reúne para celebrar. A Palavra de Deus torna-se anúncio e vocação, convite a contemplar as maravilhas que ele realizou – um verdadeiro culto de ação de graças. Essa palavra manifesta-se ao homem em modos e lugares diferentes: na sua vida cotidiana, mas, acima de tudo, naquele lugar em que se reúne para prestar ritualmente o culto de Deus, no ambão.

Do ambão, a Palavra de Deus é proclamada com a intenção de comunicar a comunidade reunida, para que seja escutada, meditada e se transforme em ação. Deverá ser um anúncio envolvente, feito por leitores e salmistas competentes. "Aqueles, pois, que acolheram a sua palavra, fizeram-se batizar" (At 2,41). Aquele que escuta a Palavra proclamada deverá reconhecer a mensagem salvífica, mostrando-se disponível para executar a vontade de Deus através do seu testemunho diário.

Segundo Costa (s.d.),[1] São Germano de Constantinopla define o ambão como uma imagem do santo sepulcro, pois o anjo removeu a pedra e estava lá para anunciar a ressurreição de Jesus àquelas mulheres amedrontadas.

O livro de Neemias, quando descreve uma solene leitura de um livro da Lei que foi reencontrado, diz: "O escriba

---

[1] COSTA, dom Abade. *Pe. Bernardino* (mimeo.).

Esdras estava sobre um estrado de madeira [...] à vista de todo o povo" (Ne 8,4-5). São Cipriano vê um grande simbolismo no fato de ele subir para o ambão, e faz observar que essa atitude convém àquele que já proclamou a fé.

Como vimos, o termo "ambão" deriva também do latim *ambiendo*, porque circunda e cinge quem nele entra. Não devemos confundir o púlpito, presente em nossas igrejas antigas, com o lugar do sacerdote proferir a sua homilia, devido à inexistência de microfones. Mais do que para a liturgia, o púlpito é usado para a catequese, por serem dois, um de frente para o outro simetricamente, e permitirem que, durante uma pregação dominical ou catequese especial, se subisse alguém no outro, para questionar o pregador ou pedir algum esclarecimento.

Após o Concílio Vaticano II, o ambão foi gradualmente readquirindo o seu valor nos documentos da reforma litúrgica. A SC não lhe faz qualquer referência. Só, posteriormente, com a Introdução Geral ao Missal Romano (IGMR) de Paulo VI é que se menciona o ambão como lugar da proclamação das leituras. Essa mesma instrução, no capítulo V, apresenta o ambão como lugar do qual se anuncia a Palavra de Deus. Exige-se, portanto, um lugar adequado para sua proclamação e para o qual, durante a Liturgia da Palavra, convirja com espontaneidade a atenção dos fiéis (cf. IGMR, n. 309).

Nas preliminares (*Praenotanda*) da segunda edição do Ordenamento das Leituras da Missa, no artigo 2 do capítulo II, intitulado: "Elementos que contribuem para celebrar condignamente a Liturgia da Palavra", diz-se que em todas as igrejas "deve haver" um lugar da proclamação da Palavra, e não uma simples estante que sustente o livro. Esse documento ainda diz que:

> no espaço da igreja deve haver um lugar elevado, fixo, dotado de conveniente disposição e nobreza, que corresponda à dignidade da Palavra de Deus e ao mesmo tempo recorde com clareza aos fiéis que na missa se prepara tanto a mesa da Palavra de Deus como a mesa do Corpo e Sangue de Cristo e, finalmente, os ajude, o melhor possível, a ouvir e prestar atenção durante a liturgia da Palavra. Por isso deve atender-se, de acordo com a estrutura de cada igreja, às proporções e harmonia entre ambão e altar (POLM, 32).

Esse número ainda diz que o ambão deverá ter uma elevação com relação ao presbitério que ajude os fiéis, o melhor possível, a ouvir e prestar atenção durante a liturgia da Palavra.

Essas mesmas Preliminares do Ordenamento das Leituras da Missa (POLM), no número 33, dizem:

> convém que o ambão seja adornado com sobriedade, de acordo com a sua estrutura, de modo permanente ou

ocasional, ao menos nos dias mais solenes. Deve-se, no entanto, ter presente que a sua fundamental decoração é a luz. Esta, para além de funcional, é intrínseca à simbologia desse lugar, para que todos possam dizer com o salmista: "A tua palavra é lâmpada para meus passos e luz para o meu caminho" (Sl 118,105).

Segundo o autor acima:

> O ambão é lugar reservado; reservado ao livro das Sagradas Escrituras, para o diácono e leitor que, por direito e dever, ali sobem para a proclamação da Palavra, e ao cantor para o salmo responsorial [...]. Para que os fiéis se habituem a ver este lugar como monumento da Palavra de Deus e constante anúncio da salvação, é inoportuna qualquer exceção a esta norma. Pelo contrário, convém que a proclamação da Palavra seja sempre feita do ambão, e não só na celebração eucarística.

A *antífona*, por sua vez, é um refrão curto retirado dos salmos, repetido depois de versículo, ou grupo de versículos, por dois coros alternadamente (de vozes uníssonas). Essa forma de canto (voz contra voz) tem origem grega e foi introduzida na Igreja Oriental e Ocidental no séc. IV, quando se iniciaram as controvérsias com os hereges arianos, tendo por intuito imunizar o povo crente dos erros antitrinitários. Em suas *Confissões* (IX, 7), Santo Agostinho refere-se a Santo Ambrósio, que, recluso com seus fiéis na basílica nova de

Milão e assediado pelos hereges, fazia o povo cantar, "segundo o costume das regiões do Oriente, para que o povo não se consumisse de tédio e tristeza". Santo Agostinho ainda relata um testemunho de São João Crisóstomo e diz que, em razão de o povo não conhecer o salmo inteiro, se estabelecera "cantar um versículo reduzido que contenha alguma verdade sublime" para a elevação das almas.

Posteriormente, quando o canto dos salmos no Ofício Divino (atual Liturgia das Horas) passou a ser ocupação específica dos mosteiros e catedrais, isso ocasionou menor participação do povo e, como consequência, a antífona não se intercalava mais entre os versículos do salmo, mas apenas no começo e final do mesmo. Essa evolução, que dura até o presente, fez mudar o significado da antífona: seu primeiro papel de refrão intercalado pelo povo foi assumido novamente pelo salmo responsorial na missa. Essa antífona, escolhida quase sempre de um versículo do salmo, deseja dar a tonalidade do dia litúrgico celebrado.

Conforme Gelineau (1962), as antífonas podem ser classificadas em diversos grupos, tanto pelo texto como por seu uso dentro da liturgia:

a) *salmódicas*: as que derivam do mesmo texto do salmo, geralmente correspondendo uma nota musical a cada sílaba;

b) *evangélicas*: as que reproduzem versículos do Evangelho do dia, no ofício das Laudes e das Festas principais, sempre ligadas ao mistério celebrado (Natal, santos, Ascensão...);

c) *bíblicas*: as extraídas de outros livros sagrados, que não o Saltério ou os Evangelhos. Por exemplo, as antífonas do "Ó", que se cantam nas vésperas do final do Tempo do Advento (do dia 17 a 23 de dezembro). Elas evocam títulos messiânicos relativos a Jesus e já ditos no Antigo Testamento: *ó Sabedoria, ó Raiz de Jessé, ó Chave de Davi, ó Adonai, ó Rei das gentes, ó Oriente, ó Emanuel*;

d) *históricas*: as que contêm passagens da história de um santo, sendo provenientes de textos bíblicos, bem como da canonização citada nas atas dos mártires (martirológio);

e) *eclesiásticas*: de inspiração poética particular, elas se constituem de peças autônomas, para acompanhar um determinado salmo, como as antífonas marianas, que concluem as Completas, última oração oficial do dia, em seus diversos tempos litúrgicos: *Alma Redemptoris Mater, Ave Regina Coelorum, Regina Coeli e a Salve Regina*.

f) *processionais*: as que servem de acompanhamento na procissão, seja dentro da própria missa (entrada, apresentação das ofertas, comunhão), seja nos dias especiais, como, por exemplo, Cinzas, Candelária (2 de fevereiro – Apresentação do Senhor), Domingo de Ramos.

Visto esse pequeno comentário sobre as antífonas na liturgia, é importante nos determos no fato de que na missa elas acompanham o salmo responsorial em forma de refrão e são repetidas intercaladamente com o solista, entre dada estrofe do salmo que está sendo entoado. Achamos por bem repetir esta orientação, para que não seja esquecida ou realizada com subjetivismos.

O *solista* do salmo deverá ser escolhido com muito cuidado, pois este precisa cantar ou proclamar o texto sagrado com todo o empenho, a fim de que favoreça a oração da assembleia. Como já dissemos, a execução tradicional do salmo, neste momento da missa, é dialogal: os fiéis dialogam com o solista. O solista deve ser discreto e entender que a sua função é emprestar a voz para o Senhor. O salmo é a Palavra de Deus cantada ou proclamada, por isso ele deverá evitar toda exortação do tipo: "só vocês"; "agora quero ouvir a voz de vocês"; "todos"... Apenas terá de orar através do canto. Evitar, também, levantamento de braços, abanos de mãos e balanço com o corpo. Tudo isso dispersa o povo de Deus e faz perder a qualidade da oração.

Para Oliveira (2016), é interessante que se faça um breve momento de silêncio antes do canto do salmo, para que haja melhor meditação e assimilação da primeira leitura, cuja temática será nesse momento aprofundada e rezada no salmo. Para o autor:

> É importante que, sempre que possível, se dê preferência ao canto (especialmente nos domingos e festas – pelo menos o refrão) em vez da recitação. Sim, cantem! O salmo inteiro! Em algumas ocasiões, se o presidente da celebração assim orientar, pode-se cantar apenas o refrão [...]. Entretanto, a preferência é sempre o salmo cantado, inteiramente, estrofes e refrão! Logicamente, uma vez que o salmo é um canto, a responsabilidade sobre ele cabe ao Ministério de Música! Um canto é entoado por um cantor!

Não é interessante que o salmista cante perto do Ministério de Música (coral), mas que fique junto dos leitores. Evite-se que o salmista deixe o grupo de canto, ponha a roupa adequada e passe "desfilando" pela Igreja até o ambão. Seria interessante que o solista (salmista) já entrasse paramentado, juntamente com a procissão de entrada, aguardando para entoar dignamente o salmo. Ele se preparou unicamente para isso.

Outra coisa importante: o salmista não precisa dizer o termo: "salmo responsorial", e muito menos qual salmo está sendo lido. Deverá começar, logo, cantando o refrão.

Vejamos a seguir alguns exemplos da relação dos salmos com a primeira leitura da missa.

# Estudo da relação salmo e primeira leitura    5

Como já dissemos anteriormente, ao apresentarmos a função dos salmos na liturgia, o salmo responsorial, Palavra de Deus, se revela parte integrante da Liturgia da Palavra e seu texto acha-se ligado à respectiva leitura. Constitui-se da resposta orante da assembleia à primeira leitura (cf. Sb 3,73). O salmo demonstra acolhida à revelação de Deus. É o nosso momento privilegiado, como assembleia orante e congregada, de acolher e interiorizar a proposta de Deus. Podemos até dizer que o salmo responsorial é a continuação da primeira leitura, é a sua oração. Por isso, repetimos, ele não deverá ser substituído por um canto meditativo ou outro salmo qualquer, desligado da liturgia, só para preencher o espaço, variar um pouco, ou mesmo satisfazer os desejos subjetivos dos corais, cantores ou salmistas despreparados. Se não for possível cantar o salmo por inteiro, deve-se, pelo menos, cantar o refrão com a assembleia e um solista, então, proclamar com solenidade suas estrofes.

Vejamos alguns exemplos do Lecionário:

## Primeiro domingo da Quaresma – Ano C

Nesse dia, a primeira leitura é retirada do livro do Lv 19,1-2. 11-18, e trata da segunda reflexão da Lei do Senhor, aquela que coloca o próximo como um mandamento tão importante quanto o amar a Deus sobre todas as coisas. Por isso o texto insiste dizendo: "... Não furteis, não jure falso, não explore o próximo, não seja desonesto com os assalariados, não amaldiçoeis o surdo e nem seja tropeço para o cego, não tenha ódio no coração e nem procures vingança... Amarás o teu próximo com a ti mesmo".

Diante da Lei do Senhor e de sua justiça, a liturgia faz-nos orar e responder os apelos desta leitura com o Sl 18, que está intimamente ligado a esta temática:

Refrão: *Ó Senhor, vossas palavras são espírito e vida!*

1. A Lei do Senhor é perfeita, conforto para a alma!
O testemunho do Senhor é fiel, sabedoria dos humildes. (*R.*)

2. Os preceitos do Senhor são precisos, alegria ao coração.
O mandamento do Senhor é brilhante, para os olhos é uma luz. (*R.*)

3. Que vos agrade o cantar dos meus lábios e a voz da minha alma;
Meu Rochedo e Redentor! (*R.*)

Vemos que a Lei do Senhor é dita como perfeita, conforto, sabedoria dos humildes; seus preceitos são precisos; seu mandamento é brilhante... Em pura sintonia com a primeira leitura.

## Solenidade do Corpo e Sangue de Cristo – Ano C

Aqui, a primeira leitura traz o texto do livro do Gn 14,18-20, que trata de Melquisedec, rei de Salém, o qual trouxe o pão e o vinho, frutos da terra, para ser usado como sacrifício, e não mais os animais. Ele se apresenta como sacerdote do Deus Altíssimo e abençoa Abraão, que, por sua vez, lhe oferece o dízimo de tudo, reconhecendo-o como verdadeiro sacerdote que, ao oferecer pão e vinho, já antevia o sacrifício posterior de Jesus Cristo.

O salmo escolhido para responder aos apelos desta leitura é, justamente, o 109 com o seguinte refrão, que evoca o tema central do texto:

Refrão: *Tu és eternamente sacerdote segundo a ordem do rei Melquisedec!*
1. Palavra do Senhor ao meu Senhor: assenta-te ao lado meu direito
Até que eu ponha os inimigos teus como escabelo por debaixo de teus pés. (*R.*)
2. O Senhor estenderá desde Sião vosso cetro de poder, pois ele diz:
Domina com vigor teus inimigos. (*R.*)

3. Tu és príncipe desde o dia em que nasceste; na glória e esplendor da santidade,
Como o orvalho antes da aurora eu te gerei. (*R.*)
4. Jurou o Senhor e manterá sua palavra: "Tu és sacerdote eternamente,
Segundo a ordem do rei Melquisedec". (*R.*)

O salmo, em plena sintonia com a leitura antecedente, evoca o rei Melquisedec como figura de Jesus Cristo, o sumo e eterno sacerdote da Nova Aliança, que, também, oferece pão e vinho. Ele é príncipe desde toda a eternidade e será nosso alimento temporal até a sua volta.

## 22º Domingo do Tempo Comum – Ano C

A primeira leitura deste domingo, retirada do livro do Eclo 3,19-21.30-31, evoca o tema da humildade. O texto afirma que, na medida em que formos grandes, deveremos praticar a humildade, porque Deus revela seus mistérios aos humildes de coração. O homem inteligente reflete as palavras dos sábios, e com o ouvido atento deseja a sabedoria, puro dom de Deus.

Para responder a esta leitura, a liturgia nos presenteia com o Sl 67. Vejamos a antífona em forma de refrão:

Refrão: *Com carinho preparastes uma mesa para o pobre.*
*1.* Os justos se alegram na presença do Senhor, rejubilam satisfeitos e exultam de alegria!

Cantai a Deus, a Deus louvai, cantai um salmo ao seu nome!
O seu nome é Senhor: exultai diante dele! (R.)
2. Dos órfãos ele é pai, e das viúvas protetor: é assim o nosso Deus em sua santa habitação.
É o Senhor quem dá abrigo, dá um lar aos deserdados,
Quem liberta os prisioneiros e os sacia com fartura. (R.)
3. Derramastes lá do alto uma chuva generosa, e vossa terra, vossa herança, já cansada, renovastes;
E ali vosso rebanho encontrou sua morada; com carinho preparastes essa terra para o pobre. (R.)

O humilde é aquele que coloca toda a sua esperança no Senhor, ou seja, é um pobre de espírito; para estes, o Senhor prepara uma mesa com carinho. Aquele que é humilde também é justo e se alegra na presença do Senhor, que, por sua vez, protege os excluídos (órfãos, viúvas, prisioneiros), dando abrigo e chuva aos deserdados e, ainda, a sua herança, preparando-lhes uma morada eterna.

Além deste salmo responder aos apelos da leitura do livro do Eclesiástico, escolhida para este dia, também faz menção ao Evangelho que será lido posteriormente: "os primeiros serão os últimos e aqueles que se humilham serão exaltados" (cf. Lc 14,11). E, ainda, "chama para teu almoço ou jantar aqueles que não te podem retribuir, os humildes: coxos, cegos, aleijados, pobres. Receberá a tua recompensa na ressurreição dos justos". Daí confirma-se o mistério da mesa que o Senhor prepara com carinho para os pobres.

# Humildade do salmista

Os salmos são poemas de louvor na maioria das vezes, embora às vezes sejam proclamados em forma de leitura, atendendo ao gênero literário. Chamam-se com razão, em hebraico, *tehillim*, ou seja, cântico de louvor e, em grego, *psalmói*, isto é, cânticos para entoar ao som do Saltério. De fato, todos os salmos têm caráter musical, o que determina a maneira conveniente de dizê-los ou cantá-los. Por isso que, mesmo recitados, sem cântico, individualmente, em silêncio, o orante se deixa levar pelo seu caráter musical.

Portanto, para que o salmo se torne essa oração da assembleia, duas coisas são fundamentais:

a) O uso de instrumento suave que acompanhe a melodia (órgão – primeiro instrumento da liturgia romana. Mas também pode-se usar o teclado ou o violão).

b) Que o salmista entoe de uma forma poética e humilde, conduzindo a assembleia à interioridade.

Por falar de humildade, vemos que esta é a postura de todos os ministérios que atuam na Sagrada Liturgia, sobretudo, na Santa Missa. Assim como vimos com relação aos leitores, é de suma importância esta postura interior, também, na salmodia, pois o salmo responsorial não pode servir de ocasião para que o salmista mostre sua vaidade ou ostente a beleza de sua voz ou postura corporal: "não é desfile nem show". O salmista deve unicamente apresentar a Palavra de Deus para edificar a assembleia. Todo estrelismo e desejo de protagonismo por parte desse ministro deve ser evitado, visto ser o Senhor Jesus o protagonista de toda a ação litúrgica. É ele o centro e aquele que deve ser evidenciado nas celebrações.

# 3

# OS MINISTROS DA PALAVRA

# Escolha e importância desse ministério exercido pelos leigos

Os ministros da Palavra são escolhidos pelo pároco ou indicados por outras pessoas, mas sempre com aprovação deste último. Deverão receber formação teológica e litúrgica para que exerçam o seu ministério com segurança e piedade. Para realização dessa última característica, faz-se necessária uma vida de oração intensa para que assimile a figura do Cristo em sua vida e passe a dizer como São Paulo: "Não sou eu que vivo, mas é Cristo que vive em mim" (Gl 2,20).

A grande importância desse ministério, como o nome já diz, é o serviço que presta à comunidade, sobretudo, aquelas que demoram a receber o sacerdote ou mesmo o diácono.

Vejamos alguns textos que iluminam:

1. "Quem me oferece sua sincera gratidão como sacrifício, honra-me e eu revelarei a salvação de Deus *ao que anda nos meus caminhos*" (Sl 49,23).

2. "Assim deixai a vossa luz resplandecer diante dos homens, *para que vejam as vossas boas obras* e glorifiquem o vosso Pai que está nos céus" (Mt 5,16).

3. "Porém, vós sois geração eleita, sacerdócio real, nação santa, povo de propriedade exclusiva de Deus, cujo propósito é proclamar as grandezas daquele *que vos convocou das trevas para sua maravilhosa luz*" (1Pd 2,9).

4. "Se algum irmão prega, *fale como quem comunica a Palavra de Deus*; se alguém serve, sirva conforme a força que Deus provê, de maneira que, em todas as atitudes Deus *seja glorificado* mediante Jesus Cristo, a quem pertencem a glória e o pleno domínio por toda a eternidade" (1Pd 4,11).

5. "E por que me chamais: 'Senhor, Senhor' *e não praticais o que eu vos ensino?* (Lc 6,46).

6. "De igual modo não negligencieis a contínua *prática do bem e a mútua cooperação*; pois é desses sacrifícios que Deus muito se alegra" (Hb 13,16).

7. "Se é para encorajar, aja como encorajador; o que contribui, coopere com generosidade; se exercer liderança, que a ministre com zelo; se demonstrar misericórdia, que se realize com alegria. *O amor é a base dos dons*" (Rm 12,8).

8. "E eles orando em vosso favor, demonstram a *profunda afeição que têm por vós*, por causa da extraordinária graça que Deus vos concedeu" (2Cor 9,14).

9. "Combati o bom combate; *guardei a fé*" (1Tm 6,12).

Ao refletirmos sobre a celebração da Palavra na ausência do ministro ordenado, surge a necessidade de saber como está sendo valorizado este momento em nossas celebrações. É importante que a Liturgia da Palavra seja preparada com todo esmero, através de estudo e com tempo suficiente. Deverá ser esta a nossa atitude espiritual diante de tão significativa celebração litúrgica. O Senhor tem uma palavra viva, atual, transformadora, para cada comunidade celebrante. Ele é o centro da Liturgia da Palavra e nos fala por seu espírito através dos leitores, salmistas e daquele que vai expor a Palavra de Deus, exortando à prática de todos.

Mas quem pode assumir este ministério? Em primeiro lugar, todos aqueles que se sentem chamados por Deus para o seu humilde serviço, que consiste em dar voz e vez ao Senhor. Para tanto, há uma exigência fundamental para aqueles que se propõem a conduzir a Liturgia da Palavra: preparação espiritual, intelectual, pastoral e humana. Mas, acima de tudo, o ministro da Palavra do Senhor tem que ser uma pessoa orante, pois a oração nos faz aproximar-nos do Senhor, que sempre nos dá as palavras certas, aquelas que encantam, levando toda a comunidade à verdadeira conversão.

Tudo deverá ser preparado com antecedência para que a Palavra se torne um gesto sacramental, já que a grande importância do ministro, como já foi dito, é colocar-se a serviço de Jesus Cristo, através de sua voz, que deve ser trabalhada para o ato de comunicar com eficiência a fim de que todos participem ativamente da celebração.

Daí a importância de se ter claro a teoria da comunicação. Roman Jackobson nos apresenta o seguinte esquema dos processos comunicativos: na interlocução, temos sempre aquele que fala, o *emissor*, e aquele que escuta, o *receptor*. Os papéis se trocam nos atos de fala e na celebração, cada um tem a sua função bem definida. Entre esses dois sujeitos, temos os textos da Palavra de Deus, que é a *mensagem* a ser transmitida. Ela, por sua vez, precisa de um *canal*, que é a linguagem, seja ela verbal ou não verbal, pois os gestos e tonalidades da voz também auxiliam na comunicação. A linguística chama os gestos de elementos paralinguísticos da comunicação, e a tonalidade, o ritmo, a duração, a altura, de elementos suprassegmentais, que são também de grande importância nesse esquema de se fazer entender bem na transmissão do Mistério de Deus. Outro elemento de importância é o *código*, que se refere à língua escolhida, no nosso caso a Língua Portuguesa, com todos os mecanismos que lhe são próprios: as características *fonéticas* e *fonológicas*, a *morfologia*, a *sintaxe* que traz toda a teorização das concordâncias, coerências e coesões textuais, pois um texto mal pronunciado ou mal escrito não comunica e se torna enfadonho. Com isso, a comunidade cristã tende a não participar bem da celebração da Palavra e, até mesmo, poderá afastar-se dos encontros dominicais. E há, ainda, dois elementos de suma importância, quando se trata de língua: a *semântica*, que se preocupa com os sentidos das palavras, e a *pragmática*, que observa os contextos de uso das mesmas e sua adequação linguística, ou seja, se a celebração é para crianças, pessoas do campo, universitários, a linguagem tem que ser adaptada, ocorrendo, assim, o que chamamos de adequação linguística. Isso é fundamental, sobretudo, para o momento da homilia, pois aqui se deve conquistar o povo de Deus, para que ele venha para todas as celebrações e, ainda, seja motivado à transformação do coração, à conversão. Senão a celebração da Palavra não teria sentido e seria mera representação.

## O ministro da celebração da Palavra nos domingos e solenidades, na ausência do ministro ordenado: proposta de celebração da Palavra

Como celebrar a Palavra nos domingos e em solenidades? Sabemos da grande importância que a Igreja dá aos domingos e às festas com grau de solenidade, pois, assim, se cumpre em plenitude o Mandamento do Senhor de "Guardar domingos e festas". A Constituição *Sacrosanctum Concilium* (SC) trata do Dia do Senhor em seu número 106:

Por tradição apostólica que tem sua origem do dia mesmo da ressurreição de Cristo, a Igreja celebra cada oitavo dia o mistério pascal, naquele que se chama justamente Dia do Senhor ou domingo. Neste dia, pois, devem os fiéis reunir-se em assembleia para ouvirem a Palavra de Deus e participarem da Eucaristia, e assim recordarem a paixão, ressurreição e glória do Senhor Jesus e darem graças a Deus que os "gerou de novo pela ressurreição de Jesus Cristo dentre os mortos para uma esperança viva" (1Pd 1,3). O domingo é, pois, o principal dia de festa que deve ser lembrado e inculcado à piedade dos fiéis: seja também o dia da alegria e da abstenção do trabalho. As outras celebrações não lhe sejam antepostas, a não ser as de máxima importância, porque o domingo é o *fundamento e o núcleo*[1] do ano litúrgico.

Fica bem claro o que a Igreja deseja com relação ao domingo. Ele tem precedência, pois é a nossa Páscoa semanal, antecipa o nosso futuro, aquele grande e eterno domingo que não terá mais fim nem ocaso, quando o Senhor ressuscitado estará conosco e nós, ressurgidos com ele.

Como diz o texto da SC, as festas não lhe devem antepor a não ser as de suma importância, como as solenidades de Nossa Senhora, dos padroeiros em suas respectivas paróquias e comunidades e as festas do Senhor, que, se coincidirem com o domingo, deverão ser celebradas por serem

---

[1] Grifo nosso.

do Senhor. São elas: a Apresentação do Senhor, em 2 de fevereiro; a Transfiguração do Senhor, 6 de agosto; a Exaltação da Santa Cruz, em 14 de setembro e, finalmente, a festa da Dedicação da Basílica de São João de Latrão, devido ser a Igreja Mãe de todas as igrejas e a catedral de Roma; por sinal, todas as comemorações da Dedicação das Igrejas são consideradas festas do Senhor.

O ministro leigo deverá estar cônscio de tudo isso para exercer bem o seu ministério.

A celebração dominical representa, portanto, ocasião propícia para se exercer este trabalho missionário em favor dos fiéis. A celebração da Palavra de Deus é um ato litúrgico reconhecido e incentivado pela Igreja. Sua reflexão torna-se mais significativa, se considerarmos o desejo das comunidades pela leitura e meditação da Sagrada Escritura, e poderá ser feita por um ministro extraordinário com preparação suficiente para presidir a Liturgia da Palavra.

As celebrações da Palavra de Deus não são criações dessas últimas décadas, mas desde muito tempo sempre fizeram parte da Tradição da Igreja. Já nas comunidades primitivas, encontramos uma estruturação da celebração da Palavra. O Ofício Divino, codificado na Regra de São Bento, no século VI, traz todo um Código Litúrgico do capítulo oitavo ao vigésimo; neste bloco de sua Regra, nosso pai São Bento descreve toda essa Obra de Deus (o louvor), que é uma celebração constante da Palavra na variedade das horas do dia litúrgico. O capítulo 19 trata da maneira de salmodiar. Ele afirma que a presença divina está em todo lugar e que Deus vê sempre os bons e os maus, sobretudo quando estamos na oração do Ofício Divino. Daí a sua exortação para que a salmodia seja sábia, porque estamos cantando diante dos anjos, ou seja, a nossa liturgia se une à do céu, tendo toda a reverência, e que a mente concorde com a voz, para que se evite toda distração quando se está diante do Senhor em oração. E essa dica serve para todas as ações litúrgicas. Vale a pena transcrevermos o capítulo 20 da Santa Regra Beneditina, que tem como título "Da reverência na oração":

> Se queremos sugerir alguma coisa aos homens poderosos, não ousamos fazê-lo a não ser com humildade e reverência; quanto mais não se deverá empregar toda a humildade e pureza de devoção para suplicar ao Senhor Deus de todas as coisas? E saibamos que seremos ouvidos, não com o muito falar, mas com a pureza do coração e a compunção das lágrimas. Por isso, *a oração deve ser breve e pura, a não ser que, por ventura, venha a prolongar-se por um afeto de inspiração da graça divina.*[2] Em comunidade, porém, que a oração seja bastante abreviada e, dado o sinal pelo superior, levantem-se todos ao mesmo tempo.

---

[2] Grifo nosso.

Vemos, no texto anterior, toda a sensibilidade de nosso pai São Bento, ao colocar a oração como aquilo que o monge e o cristão, em geral, fazem de mais precioso. Como dissemos, o Ofício Divino (hoje, chamado de Liturgia das Horas) é uma forma de celebração da Palavra que deverá ser apresentada com qualidade, por um ministro bem preparado e cheio de Deus para que possa edificar e levar seus irmãos à plena conversão.

Hoje, no Brasil, existem diversos roteiros para celebração da Palavra de Deus. A finalidade dessas celebrações é assegurar às comunidades cristãs a possibilidade de se reunirem nos domingos e festas, mesmo sem a presença do ministro ordenado. Portanto, dever-se-á ter a preocupação de inserir essas celebrações no contexto do Ano Litúrgico e relacioná-las com as comunidades que estiverem podendo naquele dia celebrar a Eucaristia. Assim, garante-se a unidade da Igreja, que nos identifica como seguidores do Senhor Jesus Cristo.

O espaço celebrativo deverá ser funcional e significativo para favorecer a participação ativa da assembleia. O altar deverá estar preparado *com toalha branca* independentemente da cor do tempo litúrgico celebrado. Não esqueçamos: *nada de toalhas com cores litúrgicas em cima do altar da celebração*; velas acesas; se possível, flores, mas nunca no Tempo da Quaresma, com exceção do quarto domingo, que é chamado de *Laetare* (da alegria), por já trazer a temática do júbilo da ressurreição do Senhor que se aproxima. Neste domingo o sacerdote poderá celebrar com casula cor de rosa, o altar pode ser decorado com rosas e o órgão deverá ser tocado mesmo que não seja para acompanhar o canto. Na credência, deve-se colocar um corporal, um recipiente com água, manustérgio para enxugar as mãos na purificação (depois da distribuição da Santa Comunhão) e sanguíneos para a purificação dos objetos litúrgicos. As hóstias consagradas deverão ficar reservadas em local próprio, com velas acesas, sendo trazidas para o altar após a oração da assembleia e distribuídas no momento certo. No espaço celebrativo, deve-se destacar a mesa da Palavra, o ambão.

Como já foi dito, há uma diversidade de roteiros para a celebração da Palavra de Deus pelo ministro leigo. Seria bom que as comunidades se preocupassem com a inculturação e a adequação ao contexto daqueles que celebram, inclusive propondo uma verdadeira adequação linguística. Muitas comunidades seguem os roteiros dos folhetos litúrgicos. Vejamos como se pode organizar em partes esta celebração, segundo Peres (2016):

1. *Ritos iniciais*: a celebração comunitária da Palavra preparada e realizada num clima de acolhida mútua, de amizade, de simplicidade, de alegria e de espontaneidade favorece

a comunhão e participação dos fiéis na escuta da Palavra e na oração. Por isso a importância de uma equipe de acolhimento que seja alegre e humilde, inclusive providenciando lugares para todos, tendo todo o cuidado com idosos, gestantes e crianças.

É importante a apresentação das pessoas que estão participando pela primeira vez ou que estiverem visitando ou de passagem. Lembrar-se também das pessoas ausentes por enfermidades ou outros motivos, como também deve-se recordar os falecidos.

Também, antes dos ritos iniciais, pode-se fazer um pequeno ensaio de canto para depois ser garantido um recolhimento silencioso em preparação ao começo da celebração. Devem ser verbalizados, ainda, os acontecimentos da semana ligados à vida das pessoas, famílias, comunidades, dioceses e países, pois celebramos em comunhão com toda a Igreja.

Aquele que preside a assembleia, com palavras breves e espontâneas, acolhe todos os fiéis e os introduz no espírito da celebração, para que tenham a consciência que estão ali em nome de Cristo e da Santíssima Trindade na comunhão com toda a Igreja celebrante.

2. *O rito penitencial*: é um momento significativo da celebração da Palavra, pois prepara a assembleia para escutar

a Palavra de Deus, para a oração e o louvor. É interessante, neste momento, que se cantem cantos populares de caráter penitencial ou se instituam gestos que lembrem o pedido de perdão e arrependimento dos pecados. Que todos peçam perdão ao Senhor de coração. Cuidado para que essa parte não se prolongue muito, para não quebrar o dinamismo da celebração.

*Atenção*: o canto penitencial deverá, sempre, conter o texto que se encontra no Missal Romano: "Senhor, tende piedade de nós; Cristo, tende piedade de nós; Senhor, tende piedade de nós".

3. *Oração do dia (ou coleta[3])*: quem preside conclui os ritos iniciais com uma oração que deverá ser aquela que está no Missal para o domingo ou festa litúrgica correspondente, assim, garante-se o símbolo de unidade daqueles que celebram o Dia do Senhor em todas as partes do mundo. Antes, porém, de pronunciar a oração, poderá solicitar aos fiéis que proclamem os motivos de sua oração (aniversários, fatos da vida, problemas, tristezas, alegrias, esperanças, projetos de vida...).

4. *Liturgia da Palavra*: Deus interpela pela sua Palavra as comunidades cristãs de cada época, portanto, é no nosso

---

[3] Porque esta oração tem a função de *coletar* todos os desejos da comunidade, mesmo que sejam feitos em silêncio.

hoje que ele nos fala. A Liturgia da Palavra compõe-se de leituras tiradas da Sagrada Escritura, o salmo responsorial (também, bíblico), a aclamação ao Evangelho, a homilia, profissão de fé e a oração universal (preces comunitárias). As leituras são atualizadas pela homilia, momento em que Deus, através, do ministro, fala a seu povo, revelando o mistério da redenção e oferecendo-se como alimento espiritual. O próprio Jesus Cristo, por sua Palavra, acha-se presente no meio dos fiéis (cf. SC, 7).

O *canto de aclamação* ao Evangelho é sempre o "Aleluia", com exceção do Tempo da Quaresma, quando é substituído por uma outra antífona, como, por exemplo: "Louvor e glória a Ti, Senhor, rei da eterna glória"... O "Aleluia" ou a antífona devem ser acompanhados de um trecho do Evangelho que vai ser proclamado, sobretudo, aquele que dá o teor da temática do dia litúrgico. A proclamação do Evangelho é o ponto alto da Liturgia da Palavra, por isso deverá ser dito ou cantado com segurança e audível. Este é um momento de recolhimento, daí a importância do silêncio.

A *homilia*, como o nome já indica – uma conversa familiar –, é o momento da partilha da Palavra e de sua aplicação à vida da assembleia participante. Ela atualiza a Palavra de Deus de modo a interpelar a realidade da vida pessoal e comunitária, fazendo-se perceber o sentido dos acontecimentos à luz do plano de Deus, tendo como referencial o Mistério Pascal de Cristo. A homilia parte dos textos bíblicos ouvidos; eles deverão ser explicados e contextualizados para, em seguida, serem transformados em regra de vida no hoje da Igreja. O ideal é que os fiéis saiam da celebração com o desejo ardente de pôr a Palavra de Deus em prática e com o amor a Jesus Cristo mais presente no coração.

A *profissão de fé (Creio)* é a resposta de fé da comunidade à Palavra de Deus. É significativo que se diga ou cante o Creio aos domingos e em solenidades, como adesão a tudo que foi rezado e ouvido. Existem três formas para se dizer a profissão de fé: o Símbolo dos Apóstolos (aquele mais resumido e corriqueiro, que se diz na maioria dos domingos); o niceno-constantinopolitano (um texto maior, que recebe este nome porque é fruto dos Concílios de Niceia, que tratou do Filho, Segunda Pessoa da Santíssima Trindade, e do *de Constantinopla*, que referenciou o Espírito Santo, definindo-o como uma Pessoa porque é o doador da vida e falou por meio dos profetas. A outra maneira de se dizer o Creio é em forma de perguntas e respostas, como se faz no Batismo, na Crisma e na renovação das promessas batismais, na noite santa da Vigília Pascal.

A *oração dos fiéis (as preces comunitárias ou oração universal)*: é o momento em que o povo de Deus exerce a sua função sacerdotal de intercessão. Nesse instante, a comunidade pede a Deus que a salvação proclamada se torne uma realidade para a Igreja que intercede pelos que sofrem e pelas necessidades urgentes da própria comunidade, da nação, da Igreja e de seus ministros. Evitem-se as orações individualistas.

Após a oração dos fiéis, pode-se fazer a coleta como expressão de agradecimento a Deus pelos dons recebidos e sinal de partilha. Esses dons servirão para manter o culto e as necessidades dos pobres.

5. *Momento de louvor*: o rito de louvor é fundamental, pois bendiz a Deus pela sua imensa glória e pelas maravilhas que ele realiza sempre em nós.

Para Peres (op. cit.):

> A comunidade reconhece a ação de Deus, realizada por Jesus Cristo, e canta seus louvores. "Bendito seja o Deus e Pai de Nosso Senhor Jesus Cristo, que nos abençoou em toda sorte de bênçãos. Ele nos arrancou do poder das trevas e nos transportou para o Reino do seu Filho amado, no qual temos a redenção, a remissão dos pecados". A comunidade sempre tem muitos motivos de agradecer ao Senhor, seja pela vida nova que brota da ressurreição de Jesus, como pelos sinais de vida percebidos durante a semana na vida familiar, comunitária e social. O momento de louvor não deve ter, de modo algum, a forma de celebração eucarística.

> *Não faz parte da celebração comunitária da Palavra a apresentação das ofertas de pão e vinho, a proclamação da oração eucarística própria da missa, o canto do Cordeiro de Deus e a bênção própria dos ministros ordenados. Também nas celebrações da Palavra não se deve substituir o louvor e a ação de graças pela adoração ao Santíssimo Sacramento.*[4]

Portanto, fica bem claro que a celebração da Palavra feita pelo ministro leigo é sempre muito louvável em comunidades cuja presença do sacerdote é mais rara, mas que fique esclarecido que *não é uma missa*.

6. *Oração do Senhor (Pai-Nosso ou oração dominical)*: a oração do Pai-Nosso deverá estar sempre presente nas celebrações da Palavra, conforme o roteiro da celebração – que são muitos –, e poderá ser realizada no momento que a equipe de liturgia considerar mais adequado. Pensamos que, após o louvor, seria o ideal. Evite-se substituir o texto dessa oração por outros parafraseados e repetitivos, verdadeiros pleonasmos que tornam a liturgia enfadonha e atrapalham a oração. Existe, por aí, Pai-Nosso cantado e, depois, ele é falado. No entanto, essa redundância pleonástica deverá ser evitada tanto na celebração da Palavra de Deus como na celebração da Santa Missa; puro subjetivismo e desinformação litúrgica.

---

[4] Grifo nosso.

7. *Abraço da paz*: é uma expressão de alegria e comunhão fraterna. Na celebração da Palavra, ele poderá acontecer no início da liturgia, após o Ato Penitencial, como ato de dar e receber perdão, após a homilia ou no final da celebração.

Na missa, cada vez mais, os papas têm pedido maior discrição no momento desse gesto. No Missal Romano, ele está proposto imediatamente antes do canto do Cordeiro de Deus, mas pode-se perder, totalmente, o sentido da fração do pão. Como gera certa instabilidade com relação à concentração, tem-se pedido que seja feito de maneira sóbria, cumprimentando-se, apenas, as pessoas que estão ao lado, rapidamente e sem canto. Aliás, o canto do abraço da paz nunca existiu na liturgia católica romana. Que fique claro que esse momento não é um "pequeno recreio" dentro da missa. Deve-se, portanto, valorizar o canto do Cordeiro de Deus, tanto em melodia gregoriana como em canto popular, nas variedades de escolhas que hoje já existem.

Vejamos o que diz a Congregação para o Culto Divino e a Disciplina dos Sacramentos:

**Congregação para o Culto Divino e a Disciplina dos Sacramentos**
*Carta circular: o significado ritual do dom da paz na missa*

1. "Deixo-vos a paz, dou-vos a minha paz", são as palavras com as quais Jesus promete aos discípulos reunidos no

cenáculo, antes de enfrentar a paixão, o dom da paz, para infundir-lhes a gozosa certeza de sua presença permanente. Depois de sua ressurreição, o Senhor leva ao termo sua promessa apresentando-se no meio deles, no lugar em que se encontravam por temor aos judeus, dizendo: "A paz esteja convosco!". A paz, fruto da Redenção que Cristo trouxe ao mundo com sua morte e ressurreição, é o dom que o Ressuscitado segue oferecendo hoje a sua Igreja, reunida para a celebração da Eucaristia, de modo que possa testemunhá-la na vida de cada dia.

2. Na tradição litúrgica romana o sinal da paz, colocado antes da Comunhão, tem um significado teológico próprio. Este encontra seu ponto de referência na contemplação eucarística do mistério pascal – diversamente de como fazem outras famílias litúrgicas que se inspiram na passagem evangélica de Mateus (cf. Mt 5,23) –, apresentando-se assim como o "beijo pascal" de Cristo ressuscitado presente no altar. Os ritos que preparam a comunhão constituem um conjunto bem articulado dentro do qual cada elemento tem seu próprio significado e contribui ao sentido do conjunto da sequência ritual, que conduz à participação sacramental no mistério celebrado. O sinal da paz, portanto, se encontra entre o *Pater noster* –ao qual se une mediante o embolismo que prepara ao gesto da paz – e a fração do pão – durante a qual se implora ao Cordeiro de Deus que nos dê sua paz. Com este gesto, que significa a paz, a comunhão e a caridade, "a Igreja implora a paz e a unidade

para si mesma e para toda a família humana, e os fiéis expressam a comunhão eclesial e a mútua caridade, antes da comunhão sacramental" [5], isto é, a comunhão no Corpo de Cristo Senhor.

3. Na Exortação Apostólica pós-sinodal *Sacramentum Caritatis* o Papa Bento XVI havia confiado a esta Congregação a tarefa de considerar a problemática referente ao sinal da paz, com o fim de salvaguardar o valor sagrado da celebração eucarística e o sentido do mistério no mundo da Comunhão sacramental: "A Eucaristia é por sua natureza sacramento da paz. Esta dimensão do Mistério eucarístico se expressa na celebração litúrgica de maneira específica com o gesto da paz. Trata-se indubitavelmente de um sinal de grande valor (cf. Jo 14,27). Em nosso tempo, tão cheio de conflitos, este gesto adquire, também a partir do ponto de vista da sensibilidade comum, um relevo especial, já que a Igreja sente cada vez mais como tarefa própria pedir a Deus o dom da paz e a unidade para si mesma e para toda a família humana. [...] Por isso se compreende a intensidade com que se vive frequentemente o rito da paz na celebração litúrgica. A este propósito, contudo, durante o Sínodo dos bispos se viu a conveniência de moderar este gesto, que pode adquirir expressões exageradas, provocando certa confusão na assembleia precisamente antes da Comunhão. Seria bom recordar que o alto valor do gesto não fica diminuído pela sobriedade necessária para manter um clima

adequado à celebração, limitando por exemplo a troca da paz aos mais próximos".

4. O Papa Bento XVI, além de destacar o verdadeiro sentido do rito e do sinal da paz, punha em evidência seu grande valor como colaboração dos cristãos, para preencher, mediante sua oração e testemunho, as angústias mais profundas e inquietantes da humanidade contemporânea. Por esta razão, renovava seu convite para cuidar este rito e para realizar este sinal litúrgico com sentido religioso e sobriedade.

5. O Discastério, baseado pelas disposições do Papa Bento XVI, dirigiu-se às Conferências dos bispos em maio de 2008 pedindo seu parecer sobre se manter o sinal da paz antes da Comunhão, onde se encontra agora, ou se mudá-lo a outro momento, com o fim de melhorar a compreensão e o desenvolvimento de tal gesto. Traz uma profunda reflexão, se viu conveniente conservar na liturgia romana o rito da paz em seu lugar tradicional e não introduzir mudanças estruturais no Missal Romano. Oferecem-se na continuação algumas disposições práticas para expressar melhor o conteúdo do sinal da paz e para moderar os excessos, que suscitam confusão na assembleia litúrgica antes da Comunhão.

6. O tema tratado é importante. Se os fiéis não compreendem e não demonstram viver, em seus gestos rituais, o significado correto do rito da paz, debilita-se o conceito

cristão da paz e se vê afetada negativamente sua própria frutuosa participação na Eucaristia. Portanto, junto às precedentes reflexões, que podem constituir o núcleo de uma oportuna catequese a respeito, para a qual se ofereceram algumas linhas orientativas, submete-se a prudente consideração das Conferências dos bispos algumas sugestões práticas:

a) Esclarece-se definitivamente que o rito da paz alcança já seu profundo significado com a oração e o oferecimento da paz no contexto da Eucaristia. O dar-se a paz corretamente entre os participantes na Missa enriquece seu significado e confere expressividade ao próprio rito. Portanto, é totalmente legítimo afirmar que não é necessário convidar "mecanicamente" para se dar a paz. Se se prevê que tal troca não se levará ao fim adequadamente por circunstâncias concretas, ou se retém pedagogicamente conveniente não realizá-lo em determinadas ocasiões, pode-se omitir, e inclusive, deve ser omitido. Recorda-se que a rubrica do Missal disse: *Deinde, pro opportunitate, diaconus, vel sacerdos, subiungit: Offerte vobis pacem.*

b) Baseado nas presentes reflexões, pode ser aconselhável que, com ocasião da publicação da terceira edição típica do Missal Romano no próprio País, ou quando se façam novas edições do mesmo, as

Conferências considerem se é oportuno mudar o modo de se dar a paz estabelecida em seu momento. Por exemplo, naqueles lugares nos quais se optou por gesto familiares e profanos de saudação, traz a experiência destes anos, poder-se-iam substituir por gestos mais apropriados.

c) De todo modo, será necessário que no momento de dar-se a paz se evitem alguns abusos, tais como:
– A introdução de um "canto para a paz", inexistente no Rito romano.
– Os deslocamentos dos fiéis para trocar a paz.
– *Que o sacerdote abandone o altar para dar a paz a alguns fiéis.*[5]
– Que em algumas circunstâncias, como a solenidade de Páscoa ou de Natal, ou Confirmação, o Matrimônio, as sagradas Ordens, as Profissões religiosas ou as Exéquias, o dar-se a paz seja ocasião para felicitar ou expressar condolências entre os presentes.

d) Convida-se igualmente a todas as Conferências dos bispos a preparar catequeses litúrgicas sobre o significado do rito da paz na liturgia romana e sobre seu correto desenvolvimento na celebração da Santa Missa. A este propósito, a Congregação para o Culto Divino e

---

[5] Grifo nosso.

a Disciplina dos Sacramentos acompanha a presente carta com algumas pistas orientativas.

7. A íntima relação entre *lex orandi* e *lex credendi* deve obviamente se estender à *lex vivendi*. Conseguir hoje um compromisso sério dos católicos ante a construção de um mundo mais justo e pacífico implica uma compreensão mais profunda do significado cristão da paz e de sua expressão na celebração litúrgica. Convida-se, então, com insistência a dar passos eficazes em tal matéria, já que dele depende a qualidade de nossa participação eucarística, e que nos vejamos incluídos entre os que merecem a graça prometida nas bem-aventuranças aos que trabalham e constroem a paz.

8. Ao finalizar estas considerações, exorta-se aos bispos, e sob sua guia, aos sacerdotes a considerar e aprofundar no significado espiritual do rito da paz, tanto na celebração da Santa Missa como na própria formação litúrgica e espiritual ou na oportuna catequese aos fiéis. Cristo é nossa paz, a paz divina, anunciada pelos profetas e pelos anjos, e que ele trouxe ao mundo com seu mistério pascal. Esta paz do Senhor Ressuscitado é invocada, anunciada e difundida na celebração, também através de um gesto humano elevado ao âmbito sagrado.

O Santo Padre Francisco, no dia 7 de junho de 2014, aprovou e confirmou o que se contém nesta Carta circular, preparada pela Congregação para o Culto Divino e a Disciplina dos Sacramentos, e ordenou sua publicação.

Na sede da Congregação para o Culto Divino e a Disciplina dos Sacramentos, ao dia 08 de junho de 2014, na solenidade de Pentecostes.

*ANTONIO CARD. CAÑIZARES LLOVERA*
Prefeito

*ARTHUR ROCHE*
Arcebispo secretário[6]

8. *Comunhão eucarística*: nas comunidades onde se distribui a comunhão durante a celebração da Palavra, o Pão Eucarístico poderá ser colocado sobre o altar antes do momento da ação de graças e do louvor, como um sinal forte da vinda de Cristo, Pão que desceu do céu. Quem deve distribuir a Comunhão é o ministro extraordinário da Eucaristia, mesmo que ele não esteja presidindo a celebração da Palavra. O ideal era que esse ministro presidisse toda a celebração.

9. *Ritos finais*: com os ritos de despedida, a assembleia toma consciência de que é enviada a testemunhar Jesus Cristo pelas palavras e ações onde quer que esteja. Jesus, sempre, conta com o nosso testemunho. Deverá ser, portanto, um

---

[6] Colocamos, na íntegra, o texto da Sagrada Congregação para o Culto Divino e Disciplina dos Sacramentos, sobre o significado ritual do dom da paz na missa, para que se saiba o que deve ser evitado e como deve ser feito, conforme a vontade de nossa Igreja, e para, assim, garantirmos a unidade do rito.

compromisso assumido levar o Senhor a todos aqueles que ainda não o conhecem.

É importante que antes da dispersão da assembleia se deem os avisos da comunidade celebrante, da paróquia e da diocese, como forma de unidade entre a Igreja local. Cuidado para esses avisos não serem muito prolongados, e não se devem anunciar coisas que ainda estão muito distantes de acontecer, mas aqueles eventos que já estão próximos de serem realizados.

Ao final, o próprio ministro leigo pode abençoar mutuamente a comunidade, mas nunca se use a fórmula própria dos sacerdotes.

# O ministro leigo na visitação aos enfermos e a celebração das exéquias

Duas das obras de misericórdia corporais são visitar os enfermos e sepultar os mortos. Para esse serviço, existe um ministério especial. O sacerdote deve exercer esta solicitude pastoral como um bom pastor que se compadece dos que sofrem e elevar orações e súplicas por aqueles que partiram para o Senhor.

O ministro leigo também poderá realizar estas obras, mas nunca ministrar o Sacramento da Unção dos Enfermos, próprio dos sacerdotes. No entanto, pode preparar o enfermo e os familiares para recebê-lo com toda a piedade do coração. Na prática o ministro deverá estabelecer contato com os familiares para inteirar-se da vida econômica e cristã da família, oferecendo, na medida do possível, a solução adequada aos problemas constatados, sempre com a ajuda da comunidade paroquial. Deverá, também, proporcionar aos doentes e seus familiares conforto cristão. É importante que se visitem os idosos e criem-se laços com as famílias deles.

Para tratarmos das exéquias, começaremos com um texto de São João Crisóstomo:

Antes, para os mortos, havia só demonstrações de dor e pranto. Hoje há salmos e hinos... Naquele tempo, a morte era o fim. Agora, não é mais assim. Cantam-se hinos, orações e salmos, e tudo isso como sinal de que se trata de um acontecimento salvífico (PG 50, 634).

O ministro leigo deverá ir ao velório com a bata apropriada e rezar, em silêncio, diante do esquife. Depois, poderá dizer ou cantar versos bíblicos para abrir a celebração, recordando, sempre, o Mistério Pascal de Cristo.

Alguns salmos apropriados poderão ser cantados ou recitados nesse momento, juntamente com os fiéis presentes que intervêm no momento do refrão. Sugerimos salmos de esperança e consolo como os Sl 4; 15; 22; 26, 29, 129...). Vejamos o Sl 15:

Protege-me, ó Deus, tu és o meu abrigo.
Só tu és meu bem, eu digo ao Senhor.
Rejeito esses deuses que o mundo promove;
Aos grandes não sirvo nem presto favor.
Aqui, nesta terra, és Deus, minha herança,
Em ti meu destino, porção garantida:
Tiraram a sorte pra ver minha parte,
Tu és a mais bela herança da vida.
Bendito o Senhor que é meu Conselheiro,
À noite me alerta o meu coração.

Pra sempre o Senhor perante os meus olhos,
Com ele os meus passos não vacilarão.
O meu coração se alegra contente,
Até minha carne repousa segura.
**No mundo dos mortos tu não me abandonas,**
**Nem deixas teu servo preso à sepultura.**

Como vemos, o Sl 15 tem como tema central a confiança e a esperança na ressurreição dos mortos. Na primeira estrofe, o salmista pede a proteção do Senhor e afirma a sua fé no único Deus de Israel. Já a seguinte, com toda confiança, afirma que o seu destino está nas mãos do Senhor e que ele é a herança de sua vida. Nesse ato de entrega total ao Altíssimo, sabe que seus passos serão sempre firmes e que o coração daquele que vive diante de Deus encontra-se em estado de alerta, pois o Senhor poderá chegar de repente, como um ladrão, conforme ele mesmo afirma (cf. Mt 24,43): "Sabei, porém, isto: se o dono da casa soubesse que na vigília da noite havia de vir o ladrão, vigiaria e não deixaria minar a sua casa". O Senhor chegará assim, de repente. O importante é estarmos preparados com toda confiança para esse momento.

A última estrofe do salmo é a chave de toda a leitura e o motivo maior de sua empregabilidade em uma celebração de exéquias: "Até minha carne repousa na segurança. No mundo dos mortos tu não me abandonas, nem deixas teu servo preso à sepultura".

É importante que, nesse momento, também se façam leituras bíblicas com pequenas homilias que aliviem o sofrimento dos familiares pela saudade daquele que está partindo para o Senhor. Sugerimos como textos: as bem-aventuranças (Mt 5,1-12a) e 2Cor 5,1.6-10: "... é necessário que todos nós compareçamos ao tribunal de Cristo, a fim de que cada um receba o que mereceu por tudo aquilo que fez durante a vida, quer de bem, quer de mal"; outro texto apropriado é o do julgamento final (Mt 25,31-46): "... Em verdade vos digo, todas as vezes que fizestes isso a um dos menores dos meus irmãos, foi a mim que fizestes!..." – a retribuição pelas nossas boas obras. E, assim, tantas outras passagens bíblicas podem ser escolhidas, lembrando a ressurreição, a alegria, a promessa das moradas que Jesus foi preparar para nós na Casa do Pai.

A profissão de fé e as preces comunitárias também são importantes, nesse momento de despedida. O rito Nossa Páscoa (2003) traz muitas sugestões para esses últimos momentos de encomendação do corpo e sepultamento. Esse ritual, na sua Introdução Geral, apresenta de maneira bem clara e otimista o sentido cristão da morte. Diz ele à p. 8:

> O cristão sabe que a morte é o salário do pecado (Rm 6,24; 7,13; 8,10; Ef 2,5) e a recusa do ser humano a se alimentar

da árvore da vida (Gn 2–3). Mas Deus, rico em misericórdia, nos fez reviver, ressuscitando-nos com Cristo (Ef 2,4-5). A morte, então, deixa de ser o que era. Perde seu poder. Fica totalmente aniquilada. O cristão tendo sido enxertado em Cristo, não deve mais nada ao pecado. Por isso a morte já não tem mais poder sobre ele, como não tem sobre Cristo (Rm 6,4-11). Nosso ser de corruptível que era, se transforma em incorruptível e nossa mortalidade se converte em imortalidade. Agora já podemos zombar da morte. "Onde está, ó morte, a tua vitória? Onde está, ó morte, o teu aguilhão?" (1Cor 15,54-55)... A morte foi vencida, mas em esperança (cf. Rm 8,24). Por enquanto vivemos sob o regime da dor, do luto e das lágrimas. A superação definitiva da morte é um bem próprio dos tempos escatológicos[1] (1Cor 15,26). Somente lá, a morte será definitivamente aniquilada e arremessada no fosso do fogo (Ap 20,14; cf. Is 25,8). Lá, "ninguém mais vai sofrer, ninguém mais vai chorar, ninguém mais vai ficar triste. Lá, não haverá mais fome, nem sede. Nem o sol, nem o mormaço vão molestar ninguém (Ap 7,14).

Como vemos, o ritual da morte é uma verdadeira celebração da esperança. Sugerimos, portanto, que o ministro leigo tenha todas estas disposições e que utilize o Ritual da Esperança para leigos, pois estes possuem esquemas

---

[1] Termo teológico que lembra as últimas realidades. A transformação deste mundo em nova terra e novos céus; a volta definitiva do Senhor da vida.

bem apropriados. Vejamos uma oração para o momento da sepultura:

Senhor Jesus Cristo,
Permanecendo três dias no sepulcro,
Santificastes os túmulos dos que creem em vós,
Para lhes aumentar a esperança da ressurreição.
Concedei, misericordioso,
Que o corpo deste(a) vosso(a) filho(a)
Descanse em paz nesse sepulcro,
Até que vós, que sois a ressurreição e a vida,
O(a) ressusciteis,
Para que possa contemplar,
No esplendor de vossa glória,
A luz eterna no céu.
Vós que sois Deus com o Pai,
Na unidade do Espírito Santo. Amém.

E para concluir este bloco da Celebração das Exéquias, realizada por um ministro leigo, sugerimos três cânticos populares e bem apropriados para este momento:

## Canto I

Quem nos separará (D.R.)

Refrão: *Quem nos separará, quem vai nos separar Do amor de Cristo, quem nos separará?*

*Se Ele é por nós, quem será, quem será contra nós?*
*Quem vai nos separar do amor de Cristo, quem será?*

1. Nem a angústia, nem a fome, nem nudez ou tribulação,
Perigo ou espada, toda perseguição!

2. Nem a morte, nem a vida, nem os anjos dominações.
Nem presente, nem futuro, poderes, nem pressões.

3. Nem as forças das alturas, nem as forças das profundezas,
Nenhuma das criaturas, nem toda natureza!
(*inspirado em Rm 8,31-39*).

## Canto II

Com minha mãe estarei

1. Com minha Mãe estarei, na santa glória um dia,
Junto à Virgem Maria, no céu triunfarei.

Refrão: *No céu, no céu, com minha Mãe estarei* (bis).

2. Com minha Mãe estarei, unindo-me aos anjos,
No coro dos arcanjos, sua glória cantarei.[2]

## Canto III

Segura na mão de Deus (D.R.)

1. Se as águas do mar da vida quiserem me afogar,
segura na mão de Deus e vai.

---

[2] Canto religioso de Maria do Rosário. Disponível em: <https://www.letras.mus.br/maria-do-rosario/1229876/>. Acesso em: 19.09.16.

Se as tristezas dessa vida quiserem te sufocar,
segura na mão de Deus e vai.

Refrão: *Segura na mão de Deus, segura na mão de Deus,
pois ela, ela te sustentará.*
*Não temas, segue adiante e não olhes para trás,
segura na mão de Deus e vai.*

2. O Espírito do Senhor sempre te revestirá.
Segura na mão de Deus e vai.
Jesus prometeu que jamais te deixará.
Segura na mão de Deus e vai.

Com estas disposições e cheios de esperança cristã, partimos para o encerramento deste nosso texto que teve, acima de tudo, uma preocupação pastoral pela urgência do tema: uma preparação de qualidade para os leitores, salmistas e ministros que fazem parte de nossas liturgias, exercendo uma verdadeira função sacerdotal, bem como da dignidade do sacerdócio comum dos fiéis que é recebida no dia do nosso Batismo.

Para concluir, faremos as nossas últimas reflexões, em uma parte exortativa e de sugestões práticas que denominamos de "Fechamento aberto".

# Fechamento aberto

Para encerrar, e ao mesmo tempo deixar aberto a outros pesquisadores a possibilidade de dissertar sobre a temática, é importante que seja dito, logo de início, que todo texto se coloca em um patamar de existência a partir da intenção do autor, e que ele só atinge os seus objetivos quando chega às mãos dos leitores, que darão sentido às suas linhas, concordando, discordando e acrescentado. Por isso, nunca um tema é fechado e concluído; está sempre aberto a novas descobertas e complementos.

O importante é mantermos fidelidade ao assunto que decidimos apresentar, pois a fuga temática, cremos, pode tirar os nossos leitores do foco de reflexão. As informações, portanto, deverão estar em conexão com os parágrafos, sem ferir, no entanto, os direitos humanos de expressão. Esse ideário manteve-se em nossa mente e coração durante toda a escritura deste livro. Mesmo que o tema já tenha sido refletido por muitos pesquisadores, procuramos oferecer aqui uma visão a partir de nossas experiências pastorais, por tantos anos, seja como padre, seja como professor de futuros sacerdotes.

Toda intervenção inovadora demanda domínio de outras áreas do conhecimento, sempre tendo diante dos olhos aquelas indagações básicas de todo pesquisador: A quem estou me dirigindo? Do que estou tratando? Como estou organizando o texto? E, para que ele servirá, ou seja, em que lugar poderá ser aplicado? Isto foi deixado bem claro ao longo de nossas linhas.

Para tanto, esclarecemos sobre a importância da adequação linguística para os vários contextos de celebração: seja da oralidade, da modalidade escrita, da linguagem coloquial (para as homilias e preces comunitárias), do uso da norma culta da língua nas várias traduções dos textos proclamados e rezados nas celebrações litúrgicas.

Também, aqui, pensamos que as pessoas são diferentes, têm singularidades próprias, pois só existe um de nós e como nós. Nossas diferenças diferem repetida e continuamente, multiplicam-se, causam mutações e novidades, pois não somos sempre os mesmos. O caráter mutante das diferenças nos faz escapar de toda convenção e modelos preestabelecidos. Nossas diferenças não são fixas e universalizadas, pois não reconhecemos modelos e padrões de identidades. É neste sentido que entregamos, agora, esta obra ao nosso público com todas as suas diferenças. O importante na vida cristã é permanecer na unidade. Os vários modos de pensar são importantes, mas a unidade doutrinária e do que é essencial no rito, estas devem ser garantidas, pois a primeira foi o próprio

Deus que nos deixou e a segunda, a Igreja construiu ao longo dos séculos, como fruto de grandes experiências místicas e exitosas. As partes mais secundárias poderão ser adaptadas conforme os destinatários da celebração e seus diversos graus de instrução. Tudo deve ser feito em favor da inteligibilidade do rito, para que leve todos à real conversão do coração.

Lira (2013, pp. 71-72), ao tratar das funções da equipe paroquial de liturgia, diz que:

> O ministério dos cantores, salmistas e daqueles que tocam os instrumentos está ali para conduzir o povo como um todo e nunca para fazer shows particulares. O regente dirige o coral e o povo. É importante que o coro se encontre, semanalmente, para os ensaios, como também para fazer as escolhas dos cantos que deverão estar sempre em consonância com o Tempo ou dia litúrgicos, os textos bíblicos e momento da missa.[1] O coral, na medida do possível, deve alternar o canto com a assembleia. A função do salmista é proclamar ou cantar o salmo de resposta, que fica entre as duas primeiras leituras e que, sempre, responde aos apelos da primeira. A SC, no n. 7, diz que, quando se leem as Sagradas Escrituras na comunidade reunida, é o próprio Cristo que fala. Portanto, os leitores deverão se preparar bem: entendendo o que vão ler; meditando na Palavra e assimilando-a em seu coração. É fundamental pronunciar bem

---

[1] No caso desta obra, diremos: no momento da celebração da Palavra também.

as palavras, sem pressa, para que todos escutem e abram os seus corações aos apelos do Senhor. Cabe a esses proclamar todas as leituras bíblicas da estante que lhe é própria,[2] pois a mesa da Palavra também deverá ser bem preparada [...].

Como vemos, tudo deve ser bem preparado para o Senhor; nada de improviso, pois atrapalha a fluidez da ação litúrgica. Leitores e cantores bem preparados são fundamentais para uma celebração que deseje dar frutos de conversão e que queira ajudar no conhecimento dos apelos do Senhor.

Ainda, Lira (2011), retomando a ideia do Papa Emérito Bento XVI, na sua Exortação apostólica pós-sinodal *Sacramentum Caritatis*, orienta aqueles que estão envolvidos nas celebrações litúrgicas à *humildade*, devendo todos obedecer, com espírito humilde, às normas do rito que, bem celebrado e entendido, por si só já demonstra a sua beleza e resplendor, revelando a glória da Cabeça que se reflete por todos nós, os membros da Igreja, garantindo a universalidade e a catolicidade eclesial de nossas celebrações.

Como nos diz São Bento, no prólogo de sua Regra, (cf. vv. 8-10), é hora de nos levantarmos da inércia do sono, pois, com os olhos abertos para a luz deífica, ouçamos com os ouvidos atentos o que nos adverte a voz divina através das

---

[2] O ambão, como já se tratou anteriormente.

Escrituras proclamadas por nossos leitores e salmistas, bem como o que nos diz todos os dias, hoje se ouvis a voz do Senhor que não sejam permitidos que nossos corações se endureçam. Portanto, a voz divina nos adverte através daqueles que proclamam a Palavra e para isso deverão estar bem formados, cônscios de sua nobre função.

Para isso, fazemos algumas indagações pastorais:

a) A leitura da Palavra de Deus e o canto dos salmos têm alimentado a nossa fé ou são, apenas, formalidades litúrgicas que não transformam?

b) O que se faz para que os participantes da comunidade aprendam a proclamar a Palavra de Deus e a recitar ou cantar os salmos com entusiasmo e vibração?

c) As leituras e salmos proclamados têm sido comentados e retomados nas homilias?

Seguem, agora, algumas dicas práticas:

1. É importante o olhar estar direcionado para a assembleia celebrante.

2. Estar atento para não se perder o ritmo das leituras e cânticos.

3. Dar ênfase ao clímax dos textos.

4. Treinar a boa dicção, articulação e pausas, para se fazer as leituras e cantar os salmos.

5. Estimular a assembleia a olhar para os leitores e salmistas e não para os folhetos ou aplicativos de telefones celulares.

6. Falar direto ao microfone e que este esteja bem posicionado e não muito próximo do locutor, a fim de que tudo seja audível e bem inteligível.

Pensamos que essas dicas contribuirão bastante com nossa postura no momento de executar a sublime tarefa de emprestar a nossa voz para que Deus fale ao seu povo.

Iniciamos o nosso livro evocando o Sl 32,3: "Cantai ao Senhor um canto novo, com arte sustentai a louvação". E, agora, diremos com mais veemência outras partes do mesmo salmo que nos servirão como um fechamento aberto a novos comentários e dicas, para louvarmos o Senhor com o coração: "... mas, os desígnios do Senhor são para sempre, e os pensamentos que ele traz no coração, de geração em geração vão perdurar. Feliz o povo cujo Deus é o Senhor e a nação que o escolheu por sua herança".

E, ainda, no Sl 50,17: "Abri meus lábios, ó Senhor, para cantar, e minha boca anunciará o vosso louvor!".

É assim que queremos viver até a volta do Nosso Senhor; enquanto ele não chega, vamos proclamando sua Palavra, entoando salmos ao Altíssimo e aguardando o toque da trombeta que nos colocará em estado de prontidão diante do Senhor que vem.

Diremos como Montagner (2016):

Não posso descrever a dor
Ela surpreende
Na medida que dilacera
A sensação é de abandono...
Mas não há perda, penso
Se fecho os olhos
Posso até adormecer
Te ouvindo sorrir
Guardarei as lágrimas
E as espalharei
Sobre minha boca
Para que não seque
E morra de saudade.[3]

E nos diz o Sl 125,1.5: "Quando o Senhor reconduziu nossos cativos, parecíamos sonhar, encheu-se de sorriso nossa boca, nossos lábios de canções". E ainda: "Minha alma desfalece de saudades e anseia pelos átrios do Senhor" (Sl 83,3). Dor e saudade sempre dão lugar à alegria! É isso que os leitores, salmistas e ministros da Palavra de Deus fazem ao exercer o seu ministério: transformam as dores e as saudades

---

[3] Domingos Montagner. Disponível em: <http://g1.globo.com/fantastico/noticia/2016/09/emocione-se-com-ultima-cena-de-domingos-montagner-em-velho-chico.html>. Acesso em: 27.09.2016.

em alegria, as lágrimas e o abandono em esperança, pois é no Senhor que encontramos consolo.

*MARANATHÁ*, VEM, SENHOR JESUS! (Ap 22,20).

# Referências

AGOSTINHO, Santo. *Salmo 138*. Disponível em:<http://www.monergismo.com/testos/comentarios/salmo_138_5-6_agostinho.htm>. Acesso em: 02.08.2016.

BUCCIOL, Dom Armando. *O sentido e a função do salmo responsorial na liturgia*. Disponível em: <http://www.diocesedelivramento.org/2013/10/orientacoes-liturgicas-e-tecnicas-para.html>. Acesso em: 18.08.2016.

CNBB. *Terceira edição típica do Missal Romano*. Brasília: Edições CNBB, 2023.

GELINEAU, J. *Chant et musique dans le culte Chrétien*. Paris, s. l. 1962.

KURTEN, fsp, Irmã Ivonete. *Comunicação na liturgia*: a transmissão do mistério. São Paulo: Paulinas, 2016.

LIRA, Bruno. *Tempo e canto litúrgicos*. 3. ed. São Paulo: Paulinas, 2011.

_____. *A celebração da Santa Missa*: subsídio litúrgico pastoral. Petrópolis (RJ): Vozes, 2013.

*NOSSA PÁSCOA*: subsídios para a celebração da esperança. São Paulo: Paulus, 2003.

OLIVEIRA, Marcelo. *Vamos falar sobre os salmos na Liturgia?* Disponível em: <http://cantormarcelooliveira.com/2016/07/09/vamos-falar-sobre-os-salmos-na-liturgia/>. Acesso em: 05.09.2016.

PERES, Reginaldo. *Celebração da palavra por ministro extraordinário da Eucaristia*. Disponível em: <http://www.reginaldoperes.com/news/celebra5C35A75C35A3o-da-palavra-por-ministro-leigo/ >. Acesso em: 04.09.16.

VATICANO II, Concílio. Constituição Apostólica *Sacrosanctum Concilium*. Disponível em: <http://www.vatican.va/archive/hist_councils/ii_vatican_council/documents/vat-ii_const_19631204_sacrosanctum-concilium_po.html>. Acesso em: 26.09.2016.

Rua Dona Inácia Uchoa, 62
04110-020 – São Paulo – SP (Brasil)
Tel.: (11) 2125-3500
http://www.paulinas.com.br – editora@paulinas.com.br
Telemarketing e SAC: 0800-7010081